指数基金
投资日志

望京博格◎著

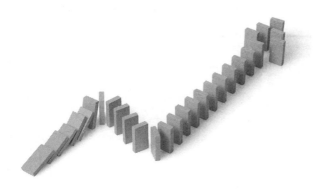

《指数基金投资日志》采用的是由浅入深的解读方式，使投资新手可以迅速了解指数基金，掌握指数基金的投资策略。同时又加入了绿巨人的投资日志，从整个投资市场的变化发展来看指数基金投资，使具有一定投资经验的投资者也能从中受益。

图书在版编目(CIP)数据

指数基金投资日志/望京博格著．—北京：机械工业出版社，2019.12
ISBN 978-7-111-64308-1

I.①指… Ⅱ.①望… Ⅲ.①指数-基金-投资-研究 Ⅳ.①F830.59

中国版本图书馆 CIP 数据核字（2019）第 263683 号

机械工业出版社（北京市百万庄大街22号 邮政编码100037）
策划编辑：李 浩 责任编辑：李 浩 廖 岩
责任校对：李 伟 责任印制：李 昂
北京汇林印务有限公司印刷
2020年1月第1版第1次印刷
145mm×210mm・9.375 印张・3 插页・193 千字
标准书号：ISBN 978-7-111-64308-1
定价：88.00 元

电话服务 网络服务
客服电话：010-88361066 机 工 官 网：www.cmpbook.com
　　　　　010-88379833 机 工 官 博：weibo.com/cmp1952
　　　　　010-68326294 金 书 网：www.golden-book.com
封底无防伪标均为盗版 机工教育服务网：www.cmpedu.com

前　言

2019年6月30日，是基金半年一度排名的日子。对基金经理来说，考核的标准基本都是排名。选取2019年以前成立的股票型与偏股混合型基金，剔除联接基金之后剩余的1409个样本，其中排名前6名的为：

1. 招商中证白酒，上半年收益率73.73%，被动指数型基金。

2. 鹏华中证酒，上半年收益率为66.69%，被动指数型基金。

3. 国泰国证食品饮料，上半年收益率为58.33%，被动指数型基金。

4. 汇添富中证主要消费ETF，上半年收益率为58.11%，被动指数型基金。

5. 富国消费主题，上半年收益率为58.10%，偏股混合型基金。

6. 嘉实中证主要消费ETF，上半年收益率为57.55%，被动指数型基金。

前6名中有5个是被动指数型基金。由此可以看出指数基金的"威力"。当然,这里还有一个前提,那就是选对了行业——白酒、必消品。

指数基金成为全球投资行业的宠儿不是没有理由的,它是一篮子成本低、风险小的股票,每一只股票都是由指数编制公司精挑细选,具有高成长性、低波动性。

指数基金在国内的发展仅有十几年,之前一度有过指数基金跑输主动型基金的案例,但近年来,投资者对指数基金的关注度反而越来越高。

投资者亏钱有两个主要原因:高买低卖和频繁交易。大多数投资者在市场行情看涨时买入,在市场看跌时卖出,造成高买低卖;A股市场行情波动很大,追波动的人又喜欢频繁交易,导致交易成本提高,即使判断正确,高成本也销蚀了盈利部分,终成为股市输家。

而指数基金因为是被动跟踪指数,管理费率较低,如果采用定期定投的方式,在市场高位,可以享受收益,在市场低位,可以摊平成本。既不用频繁交易,又不怕市场震荡,市场波动对定期定投更有益。

那么,指数基金有踩雷的时候吗?

当然也有。

在港股里面,有一只股票叫作辉山乳业,2017年3月的一天,其股价跌了90%(香港市场没有涨跌停限制)。持有香港中小指数基金的投资人当天很惨,因为辉山乳业是香港中小指数基金的成分股之一(权重为1%),一个雷导致指数一天跌了0.9%。

但因为个股权重小,指数基金相对主动型基金损失较小。要知道,深入研究、集中持股是主动型基金的宿命,深入研究就是为了集中持股,但是深入研究就可以避开雷股吗?

答案是不能!

历史上大成基金踩雷重庆啤酒,最近的东方红踩雷新城控股,有些雷即使深入研究也是躲不开的,想获取超额收益就要承担更大的风险。

与之相反,指数基金是分散投资,它持有的是一篮子股票,而且指数公司会定期更新股票,将已经走下坡路的股票剔除,换上更有成长性的优质股票,为投资者避开了一部分风险。

但是,现在的投资者更关心的是投资指数基金能否实现投资收益率十年十倍。

十年赚十倍,意味着:

$$(1+X)^{10} - 1 = 10$$

$$X = 0.27$$

即需要每年27%的年化收益率,才能达到十年十倍的收益目标。历史上,宽基指数中证500实现了这样的收益。从2005年1月1日开始投资,到2015年6月12日,投资中证500的收益达到1155%。

最好的年份已经过去了,未来达到这样的收益非常难,但通过指数基金定期定投、长期持有,能实现更好的收益,这是毋庸置疑的。

那么怎样实现更好的收益呢?这就是本书的写作主旨。

绿巨人组合创立于 2016 年 5 月 27 日，截至 2019 年 9 月 5 日，累计收益 35.74%，年化收益率 9.8%。作为绿巨人组合的创建者，在实际投资中，我养成了随时记录投资日志的习惯。《指数基金投资日志》就是根据绿巨人的投资实录来解读指数基金投资的相关知识。

《指数基金投资日志》采用的是由浅入深的解读方式，使投资新手可以迅速了解指数基金，掌握指数基金的投资策略。同时又加入了绿巨人的投资日志，从整个投资市场的变化发展来看指数基金投资，使具有一定投资经验的投资者也能从中受益。

最后，还要要感谢房崇伦、范为和铃子，以及所有支持我的朋友对本书创作的帮助和支持！

望京博格

2019 年 10 月 1 日

目 录

|前 言|　|III|

|第一章|指数基金：散户或者上班族的投资神器|

第一节　没有懂投资的穷人，也没有不懂投资的
富人　002
第二节　不懂股票，不看财报，照样能够稳健赚钱　005
第三节　市场低位不适合投资？请忘掉你对投资的
偏见　008
第四节　上班族没时间盯大盘？指数基金帮你忙　012
第五节　投资工具这么多，为什么要选指数基金？　015
第六节　国家队也是指数基金的信徒　020
第七节　为什么指数基金优于绝大多数主动型
基金？　023
第八节　学习指数投资必须知道的入门级投资知识　027
第九节　股神巴菲特的资产配置利器　031
投资日志：指数基金投资，躺赢88%的投资者　036

| 第二章 | 总是听人说指数基金，指数基金到底是什么？ |

第一节　什么是指数基金？　048

第二节　指数基金的分类　051

第三节　公募 FOF 基金的进化　056

第四节　什么是 ETF 基金？　059

第五节　什么是分级基金？　066

第六节　"场内"交易型基金的发展历程　071

第七节　投资指数基金的相关费用　076

第八节　普通投资者理财工具进化史　081

投资日志：指数基金规模统计（2018 年年中版）　085

| 第三章 | 投资指数基金的必备能力 |

第一节　如何分析指数？　094

第二节　如何计算指数定投的年复合收益率？　100

第三节　基金的择时能力与选股能力哪个更重要？　103

第四节　沪深 300 指数增强基金超额收益的来源与持续性分析　107

第五节　中概互联基金优选　115

投资日志：2019 年基金产品布局必备数据　118

第四章 你在挑选指数基金时，你到底在选什么？

第一节　如何选择优秀的指数基金　130

第二节　高费率基金是投资者的毒药　136

第三节　债券基金的矛与盾　139

第四节　FOF 在投资什么　146

第五节　创业板指数与创业板 50 指数的区别，哪个更值得投资？　153

第六节　博格公式挑选技巧　159

投资日志：绿巨人的第一重仓基金恒生国企指数　162

第五章 十年十倍的指数基金定投策略

第一节　什么是定投　168

第二节　定投有哪些常规策略　174

第三节　如何通过基金定投达到十年十倍？　177

第四节　主动投资与被动投资并举　183

第五节　货币 ETF 年化收益率 12% + 的操作策略　185

第六节　股市再跌 10%，你还扛得住吗？　190

第七节　理性分析战略配售基金到底该不该买　193

第八节　定投亏损了怎么办？　200

第九节　建立自己的投资体系　204

投资日志：绿巨人的指数基金配置实盘攻略　210

| 第六章 | 风险控制：一眼看透指数基金投资中的"陷阱"和"馅饼" |

第一节　基金定投的陷阱　222

第二节　如何做好投资指数基金的风险控制？　224

第三节　公募 FOF 的阿喀琉斯之踵　227

第四节　借通道投资债券的方法与风险　231

第五节　思维陷阱之业绩报酬　234

第六节　分级基金大结局之清盘方式的猜想　237

第七节　为什么回测数据通常不靠谱？　240

第八节　港股的下跌是机会还是陷阱？　242

投资日志：绿巨人重仓基金之标普香港中小指数　245

投资日志：绿巨人凭什么有这么好的业绩　248

| 第七章 | 理性投资的深度思考 |

第一节　市场迷茫中的确定性　252

第二节　投资基金的目的是尽可能多赚钱吗？　255

第三节　表面钱生钱，实际钱吃钱？　260

第四节　基金投资为何越勤奋亏钱越多呢？　265

第五节　投资是反人性的吗？　268

第六节　抄底的人，最后都赔钱了吗？　271

投资日志：对金融业不一样的深度思考　273

后记：致敬约翰·博格　286

第一章
指数基金：散户或者上班族的投资神器

沃伦·巴菲特说："定期投资指数基金，即使什么都不懂的业余投资者，也往往能够战胜大部分专业投资者。"据统计，以十年期为基准，能战胜指数基金的投资者不足5%。这就是指数基金的魅力。它简单，门槛低。没有股票知识、不懂趋势、不会看财报的投资者，也能一学就会、一看就懂。而且它不占时间，投入精力少，对朝九晚五的上班族来说，是一种躺着就能赚钱的稳健投资神器。

第一节　没有懂投资的穷人，也没有不懂投资的富人

这世界上有两种致富方式，一种"赚"钱，另一种是"挣"钱。赚钱和挣钱有什么不同呢？

我们先来看看"赚"和"挣"这两个汉字：

"赚"字左边是贝字，"贝"字代表着金钱，因为在古代人们都用贝壳当作钱来补差价，右边是个兼职的兼，也就是让金钱来做兼职。帮我们赚钱，用钱生钱。这样即使你什么也不做，每天在家里泡泡茶，在海边晒晒太阳，金钱也会源源不断地向你涌来。

挣钱的"挣"字：左边是手，右边是争，就是说每天你要靠勤劳的双手累死累活，才能为自己争取到一点点可怜的报酬。一旦你不继续做了，钱就没了，而且你挣钱的速度赶不上钱贬值的速度！

不懂投资的人，会把自己耗在时间的长河里，通过释放个人价值来挣钱。可一个人的能量再大，挣钱的能力依然有限。而且因为不懂投资，财富一聚三散，生活难免受制于钱。

而利用资本赚钱的人，他们早早就学会了投资的艺术，把有限的资本放进无限增长的投资环境里，和时间赛跑，以小博大，最终实现集腋成裘、躺着赚钱。

这个世界没有懂投资的穷人，也没有不懂投资的富人。

越是陷身于朝九晚五的、不能解放的工作中，越是需要学习

第一章 指数基金：散户或者上班族的投资神器

投资方法、掌握投资艺术，通过不断实践掌握投资的法门。投资，才是改变这种状态、实现财富自由的有效方法。

穷人一直抱怨上天不公，自己没有出生在富裕家庭。一个偶然的机会，穷人和富人进入一个新的环境中，两人处于同一起跑线，只能通过挖煤来挣钱。穷人以前就靠体力和技能挣钱，很快找到了挖煤的诀窍，一天就挣了很多钱。而富人体质弱，工作技能很差，一天的工资还没有穷人的一半多。

穷人把所有的钱都拿来吃穿用度，过得逍遥自在。而富人只买了两个充饥的馒头，把剩下的钱全部存了起来。

穷人挖煤去得越来越早，挖煤技术越来越好，挣的钱也越来越多。而富人到得晚，走得早，本来技能差，再加上时间少，他挣得越来越少。穷人洋洋得意，以为自己终于成了富人，可他发现物价上涨很快，之前挖一车煤能买到的东西，现在挖两车煤才能买到。

一段时间后，富人找来了几个工人挖煤，一天的挖煤量是穷人的几倍。他自己则负责把煤分类，然后送给各种不同需求的客户。原来，他把时间都用来研究怎样让钱获得快速增长上了，他分析煤的用途、找销售渠道，把积攒下来的钱分成若干份来铺设更多赚钱的通道。

很快，富人又成了富人，而穷人依然是穷人。

财富更容易汇聚到会投资的人那里，没有钱的，大多受制于穷人思维，只会消费，不会投资，没有把钱变成资产、让钱增值的意识。看过《富爸爸穷爸爸》的都知道，所谓资产，就是能生钱的，如房产、股票、基金等，凡是不能让钱生钱的，就是消费。

比尔·盖茨说：我们总是高估最近一两年的变革，却低估未来10年要发生的变化。做投资最忌急功近利，必须要有一个长期思维，而从长期看来，货币购买力总是会随着通货膨胀等因素而逐渐下降。如果你不具备让钱成为资产并逐渐增值的意识，就没法摆脱穷的窘境。

怎样把钱变成资产呢？穷人把钱都用来吃喝玩乐，这就是消费。而富人则用时间去思考，用金钱去买资源，以便获得更大的产能，创造更多的价值，并使这些价值更符合市场的需求，即用钱赚到更多的钱。这就是投资的逻辑。

投资致富的好处数不胜数：提高生活品质；使资产增值，达到财务目标；放大自我赚钱的能力；平衡一生的收支差距；预防不测风险和灾害；提高信誉度。学会投资，能从根本上改变自我，能用更好的画笔描绘未来。

改革开放40多年来，中国经历了经济的高速增长，投资也逐渐融入国人的理财理念。很多人的观察不可谓不敏锐，行动不可谓不迅捷：房地产市场火爆，借钱也要投身到地产行业，买房卖房；股市一路高歌上扬，马上又转战股市，拼上大半身家；互联网企业大行其道，又马上将资金投入到新兴企业……热点追了不少，赚钱的时候真是盆满钵满，可亏损的时候也真是肉疼肝颤，很多人细算下来，折腾了几个轮回，自己并没有成为富翁，反而伤痕累累，离"负翁"倒是不远。

这些人懂得一个道理：不能让钱"发霉"，要让钱"生钱"。这是非常好的投资理念。然而仅有这样的投资理念完全不够。投资是一门艺术，更是一门科学，需要不断地学习、理解每一种投资工具的能动性和局限性，找到最适合自己的投资工具，并深入掌握使用技巧，以最低的成本、最低的风险，获得最大的投资收益。

第二节 不懂股票，不看财报，照样能够稳健赚钱

理财产品这么多，谁不希望自己能买最好的理财产品，分享市场高额的投资回报？然而什么才是最好的理财产品，哪种理财产品又会有更高的价值回报，这考量的是投资者的眼光和心理素质。

很多人刚进入投资领域，直奔股市，还没等看懂，就着急找专家问："你觉得明天大盘会涨吗？""到底哪只股票收益率最高？"如此简单又急躁地看待投资，又如何能把握投资的关键呢？

我们都知道，投资没有捷径，不懂就难以有回报。可是有人跟着股市走了十几年，看着基金有的成、有的败，血泪史说起来滔滔不绝，却依然做不好投资。因为读懂市场的语言实在是太难了，关键是，每个阶段市场还都有不同的表达方式。

所有的投资者都羡慕那些世界顶级投资大师，希望自己能有那样的才华和实力。可是你知道吗，巴菲特每天要看十多份财报，每周要读几十本书，学习新知识，发现新趋势，为了掌握各

家公司的投资价值，还需要进行走访调研……在投资苹果公司时，他不仅研究公司的财报，还在大街上和消费者聊天，以确定消费者的消费心理。

关于投资的学习实践内容复杂而多变，是一个长期的积累过程。那么，有没有一种不用懂股票、不用看财报、照样能稳健赚钱的神器呢？

当然有，股神巴菲特就三次推荐过这样一种投资工具——指数基金。

第一次推荐时，他说："定期投资指数基金，即使什么都不懂的业余投资者，也往往能够战胜大部分专业投资者。"

在第二次推荐时，巴菲特通过著名的十年赌局，验证了指数基金的魅力。

2007年，巴菲特用50万美元做赌注，与华尔街的基金经理对赌十年收益。他没做任何分析，只是选择了标普500指数基金，与他对赌的是经验丰富、业绩非常优秀的基金经理，他可以选择任何基金组合。

十年后，标普500指数年化收益率为8.5%，十年累计收益为125.8%。对赌方精心选择的五个经典的基金产品，最高的年化收益率才达到6.5%，十年累计收益率为87.51%，至于最低的，其年化收益率仅仅0.3%，十年累计收益3.04%。

巴菲特轻松躺赢。

第三次，巴菲特用立遗嘱的形式再次推荐了指数基金：在他去世之后，他名下90%的资产都将用于购买指数基金。

第一章　指数基金：散户或者上班族的投资神器

对于不懂股票，又看不懂财报的人来说，跟着指数走，差不多等于跟着财富走。

指数基金是一种特殊的股票基金，它和一般基金的差别是：前者追踪指数，后者依赖基金经理的投资经验和投资能力。基金经理能力有高有低、忽高忽低，而指数基金则始终基于筛选出来的优中之优的股票，而且还是一篮子股票，从几十只到几百只不等。因此，指数基金能最大化分散投资者的非市场风险，使不懂市场、也没法遵守投资定律的小白，可以稳妥地获得很好的回报。

对小白来说，投资指数基金，只需要简单的两步：一是选择最优秀的指数基金进行资产配置；二是定投，如每月定投2000元。不用学习难懂的股票知识，不用去看财报，当需要钱了，进基金账户看看，有收益就取钱，收益不够，就按需要的金额卖出获利比例最高的基金，然后继续每月定投。这样做也有利于投资组合再平衡。所谓再平衡，就是当资产比例偏离目标配置一定程度后，通过交易买卖将资产配置恢复到目标比例。再平衡的本质，是低买高卖。

你也许怀疑，就这么简单？

一般来说，买指数就是买国运。只要国家经济在持续发展，指数基金就会不断上涨，指数基金享受的是国家经济发展的红利。不懂股票，只看国运，就可以放心投资。

指数基金具有很多优势：学习成本低，操作简单方便，风险相对较低。做一个明明不懂股票却可以笑看股市风云、笑看财富增长的投资达人，真的就这么简单。

第三节　市场低位不适合投资？
请忘掉你对投资的偏见

每当行情惨淡、市场低迷，股票、基金业绩下滑，成交量萎缩时，投资者就会踯躅不前，不再敢轻易入市。

一、投资偏见

2018年中美贸易摩擦升级，国内经济数据没有起色，投资者就变得谨小慎微，一有风吹草动就会过度解读。有一段时期，上证综指连跌四天跌破2800点，投资者人心惶惶，害怕市场一蹶不振，股市出现大幅杀跌，毕竟少亏或者不亏才是根本。

这就是典型的过度反应偏差，投资经验越少、投资技能越差的人越容易出现这种状况：当突发事件出现时，会过度解读当下比较片面的信息，而忽视长期范围内的整体信息。实际上，这些外界因素被市场逐渐消化，超跌的市场会慢慢回到合理价值区间内。

这话说起来简单，但实践起来却很难，特别是对已经产生亏损的投资者来说，就更是痛苦不堪，毕竟投资者向来都厌恶风险。但这也正是投资者的偏见。

大多数投资者出现盈利时，加仓的意愿会非常强烈，而且几乎不怎么去考虑风险，或者说盈利的历史，驱动着他更愿意承担风险。一旦市场持续下跌，造成亏损，哪怕有迹象表明市场已经到了低位，也很少有人去补仓，此时，投资者心里满满的都是对继续下跌的恐惧，希望尽量规避一切风险。其实，市场永远有风险，不管是在上升期还是在下降期。

一般来说，市场持续下跌的时间越长，投资者越容易产生犹疑心理，如上面所说的 2018 年 A 股估值水平低到 2016 年熔断时的水平，便已经出现了低估值买入的时机，可那时候的市场几乎就是黎明前的黑夜，静悄悄的，很少有人敢于行动。

跌幅过大，或者市场已经进入熊市，使很多投资者都处于亏损状态，他们更偏向于认为：此时进入就容易买在半山腰。

谁都知道，任何一种资产投资，便宜就是硬道理，低位买入，相同的钱买到更多的份额，也就有更大的增长潜力。例如在 3000 点和在 5000 点时买入指数基金，等上涨到 10000 点时，其盈利是不同的，前者盈利 233%，后者仅有 100%。

可被市场折腾过的投资者也知道，熊市可能漫漫而长远。因此，很多投资者抱着侥幸的心理等待更低的点位，但也会由于持续观望，没有买入，等牛市来临时，终于踏空。

二、市场低迷时可以选择指数基金

在市场处于低迷期时，有一种非常合适的投资方式，那就是买入指数基金。低估值时分批买入，定期定投，并长期持有，那么你就能享受到节省成本的好处，就能战胜市场。如果市场持续低迷，则是加仓的好时机，但前提是已有仓位，而非空仓。

大多数投资者在股市高点买入，其本质就是"逼空"的结果。如果看着房价上涨而自己没有投资房产，最后忍不住就高位接盘；如果市场持续下跌，跌到忍无可忍时就"割肉"。为了避免被逼空，投资者必须"吃"进一定量（30%～50%）的底仓，才能从容面对市场的涨跌。

选择指数基金最关键的就两步，首先要优选指数基金；其次，要确定低估值区间和低估值的百分比。可以选择低估值宽基或者低估值行业指数基金，然后在市场低位、估值偏低时买入，当估值偏高时，选择卖出。

1. 如何挖掘低估值的指数基金

判断指数基金是否被低估，有几个指标，我们会在后文"如何分析指数"章节中进行具体的介绍，在此不做过多展开。

很多投资平台都会给出指数估值表。关注指数基金投资的公众号，查阅相关数据。一般的估值表绿色代表低估，黄色为正常，红色为高估。如果某个指数在多个平台给出的估值表里都是绿色，那就可以考虑买入。

在恒生国企指数和香港中小企指数估值更低时，我就用恒生国企指数和香港中小企指数替代了一直很热门的沪深300指数和中证500指数，保证了获益。

2. 定投不择时

即使无法准确判断市场的高低位，也可以选择指数基金，采用定投不择时的模式，分批买入，弱化了时间因素的影响。而且，定投可以摊薄投资成本。在市场低迷期，定投会使成本更低。当然，定投的关键是坚持，长期持有，才能享受指数基金的好处。相对股票，指数基金估值简单、一目了然，通过定投摊薄成本也比高抛低吸简单。

3. 指数基金给投资者的建仓时间长

受利率、盈利能力和黑天鹅事件等影响，指数基金会出现低估现象。如利率越高，股市估值越容易被压制得很低；公司的盈利能力进入周期低谷。当盈利能力下滑，而又不是长期下滑时，指数会被低估；无法预测的黑天鹅事件，也会突然导致股市大幅暴跌，使指数基金出现低估值。

当市场低迷时，指数基金很容易被低估，这时是建仓的最好时机。因为当指数基金被低估时，其价格低于股票价值。即价格底部比估值底部往往出现得更早，给了投资者很长的时间在低位建仓，完成摊低成本的操作。

相对来说，股票价格的下跌空间很大，在指数基金的价格底部出现很久后，股指的价值底部才会出现。个股波动的不可测、到达底部更晚，使投资者很难收集到更多的便宜筹码，使前期投资收益变低，亏损也比定投多。

很多经验丰富的基金经理，在经过大量的验证后会更信服指数基金：但凡组合投资，最后的收益率往往不断趋近于指数。因为不管多系统、成熟的投资策略，都无法完全抄底，而且，个股波动频繁，在股票下跌时，他们只能不断补仓，可是建仓成本高,这就极大地影响了未来的收益。

总之,指数基金是一条投资捷径,投资指数基金,走的是一条长赢之路。

第四节 上班族没时间盯大盘?指数基金帮你忙

总有一些在股市里叱咤风云的传奇英雄故事传到职场中来,使疲惫于朝九晚五的工薪族产生进入股市就能一夜暴富的幻想。可也总有一些大富翁在股市里放血并最终成为"大负翁"的惨剧,让每月都有稳定收入的上班族们始终对股市敬而远之。

也有不信邪的,抱着一两个在股市里摸爬滚打多年的熟人的大腿,在硝烟弥漫、弹雨淋漓中,一头冲进去,盲人摸象般听从熟人的说辞,抓住一只个股跟风投资,偶有斩获,但很快就成为股市里的韭菜,任人宰割。

以前,上班族投资股市那是奢望,没有足够的专业知识,没有充足的时间看资讯、盯盘、研究股市,在"一赢二平七亏"的规律明示下,谁敢轻易进入股市?

但现在有了指数基金帮忙,即使没时间研究股市也可以进入股市投资,指数基金,是上班族获得股市高盈利的最好工具。原因何在?大致有以下四点。

一、指数基金投资方式简单

指数基金的投资方式很简单,按照指数的规则,跟着指数行动即可。对于普通上班族来说，不用花时间去学习专业知识，也不用特意研判个股，甚至不用担心自己的风险控制能力弱，只要被动跟随，就能获得很好的收益。

二、 指数基金是用小钱汇聚大钱

指数基金是一篮子股票，即按照预先设定的规则，装入各类资产。它可以分成若干份额，每一份的价格很低。工薪族没有大额资产，根本无法买入一篮子股票。指数基金可以使他们以很少的资金投入，享受基金的整体高收益。而且指数基金可以分批定投，定投的份额可大可小，还不用一次性支付很多，这对每月有固定收入的上班族来说既合适又方便。

三、 股票是长期收益率最好的投资产品

投资工具有很多，包括黄金、国债、银行理财、股票、房地产。除了黄金时代的房地产有过一波很好的收益外，大多数投资产品的十年收益率都没有跑赢股票。

1. 股票、黄金、人民币

有统计数据表明，1991年到2014年期间，股票、黄金、人民币在扣除通胀后，实际收益率：沪市为10.1%、深市为11.2%、黄金为2.9%、人民币为-4.1%。股票完胜，且收益率

远远超过其他两种投资产品。

2. 股市与房产

从2007年年初到2018年年底,中国股市整体年化收益率约为11%。但这个阶段房地产也正处于黄金时代,部分城市房地产收益率高于股市。但随着房地产政策收紧,市场逐渐回归,未来房地产的投资收益难以超过股市。

3. 看美国股市行情

《股市长线法宝》的作者杰里米·J. 西格尔教授曾经综合统计过200多年的美国金融市场,结果发现,股票是长期投资中收益最高的投资产品。

如果在1802年,分别买入1美元股票、黄金、长期国债,到2012年,经过210年后,股票年化收益率为8.09%,现在价值是12443958美元;黄金年化收益率为5.07%,现在价值是32399美元;长期国债的年化收益率为2.14%,现在价值为85美元。复利在210年间差距就显得格外巨大。

指数基金是股票的一种,从巴菲特的十年赌约中我们也看出,指数基金每年持续上涨。对上班族来说,只要能长期持有指数基金,就可以享受其上涨的红利。

四、定投、长期持有是指数基金给上班族最好的投资策略

前文也提到,指数基金可以采用定投,定投不择时、长期持

有可以摊薄成本，这使上班族不用特意跟踪大盘，只要定期按照一定的金额买入即可，简单高效，成本又低。

定投和一次性全部投入的区别是：一次性全部投入，恰好迎来指数上涨，收益会更高，但如果是指数下跌则亏损也更高；分批定投能缓和风险。

指数涨跌是不可测的，分批定投，可以使投资者更紧密地跟随指数的涨跌，在避免本金亏损的情况下获取很好的回报。

那么，为什么需要长期持有呢？

1929年6月，美国股市形势一片大好，时任通用汽车公司高级财务总监的拉斯科布提出了一个投资建议：每月在美国股市定投15美元，20年后可望获得8万美元的增长。可惜的是，仅仅5个月后的11月，美国股市就遭遇了崩盘，道琼斯指数一路狂跌，跌去了近90%，人们谈股市色变，对拉斯科布的建议更是嗤之以鼻。但美国股市后来回春，到1949年，这20年尽管屡有波动，但还是实现了大幅增长。如果从1929年开始，每月定投15美元，20年后能获得7.86%的年化收益率，资产能达到9000美元。

股市、指数基金始终保持增长的趋势，确保了上班族只需要零存，就可以将小钱汇聚成大钱。

第五节 投资工具这么多，为什么要选指数基金？

投资理财有很多工具，如股票、债券、不动产、银行存款、银行理财、保险理财、黄金、外汇、基金、期货、信托等，数不胜数,每种工具中又可以细分,如债券,又可以分为政府债券、企业债券和金融债券等。

当前普通投资者最常要的投资工具如下。

一、银行存款

存款是基本的理财行为,但已经有证据表明,存款跑不赢通胀。

有这样一条新闻:2017年8月末,有人拿着一张44年前的存折去银行取款,存折上的存入时间为1973年3月20日,金额为1200元,定存期限一年,月息2厘7毫。银行根据这几十年以来不断变化的利率,以及考虑到利息和个人所得税的多次变化等情况,核算出这笔存款在支取日本息合计为2684.04元,其中利息1484.04元。

1200元在1973年是个什么概念呢?"万元户"是在20世纪80年代才出现的,那时候很多人一个月的工资只有几十元,一元钱能吃一顿很不错的饭。也就是说,在1973年,1200元是一笔巨款。而现在的2684.04元,可能都不够一个前卫的少女买一个包包。

通货膨胀是财富的杀手,而银行存款跑不过通货膨胀。

二、银行理财

这是被广泛使用的投资理财工具,收益率较存款和国债高,安全性好,但流动性差,一般都需要锁定一个季度或一年,在锁定期内取出来,收益会大大降低。目前,有部分股份制银行和城商行开通了转让区,但不是所有的品种都能转让。

三、 债券

普通投资者最喜欢的是国债,因为安全性好。企业债券只有达到一定的级别才能保证安全。债券的风险小,但收益低,在全球流动性过剩的环境下,大多数债券都跑不赢通胀。

四、 房地产

房地产是相对来说安全、可靠、稳定的投资理财工具,但房地产的红利时期已经过去,而且,当下房价处于高位,房地产又有流动性较差、很容易受政策影响等特征,对普通投资者来说,并不是最好的投资工具。

五、 股票

这是让普通投资者最为之疯狂的投资理财工具,远远看去黄金万两,到了眼前却是硝烟战场。

在我国股市,最大的投资群体,不是机构,而是私人投资者,也叫散户。《上海证券交易所统计年鉴 2018 卷》(以下简称

"统计年鉴")数据显示：截至2017年年底，仅沪市投资者就达到了1.95亿人，其中自然人投资者达到1.94亿人，机构投资者仅仅为64.3万人。

散户大多专业性较差，操作不够理性，这就使得本来就变幻莫测的股市更加扑朔迷离。股市有个"七亏二平一赢"定律，亏损的大多是散户。

统计年鉴显示：2017年，自然人投资者整体盈利3108亿元，而机构投资者整体盈利为11156亿元，机构投资者的整体盈利金额是散户的3.6倍。加上一般法人的盈利，股市的总盈利额度为34535亿元，散户的盈利尚不及总盈利的一成。而在2016年，自然人投资者亏损7090亿元，机构亏损3171亿元。

因此，散户又叫"韭菜"，长一茬割一茬。在股市里赚钱的散户，大约不到5%。但散户能贡献的交易额却超过80%。对散户来说，股票是让人既爱又恨、既恐惧又放不下的投资工具。

六、基金

基金没有股票那样的投资风险，但收益率相对较高，更适合普通投资者。

基金是把零散的资金集合在一起，形成庞大的资金，交给专业机构统一投资管理；基金是一篮子产品（股票、债券、黄金等），由专业人士打理，可以帮助小额投资者，达成资产多样化，分散风险，还可以使投资者把小钱汇聚起来，转变成大额资产。

基金又分为股票基金、货币基金、混合基金和债券基金。指数基金是股票基金中的一种，它跟踪的是股市上最优质的股票。指数基金较其他投资工具来说，投资简单、风险小、收益率高，是相对比较安全的投资工具。

1. 摆脱了人性的恐惧和贪婪风险

在股票投资中，人性的恐惧和贪婪是造成散户损失的重要因素。而指数根据编制规则会定期调整成分股，指数基金只是复制行动，跟着指数调整持仓股票，这可以使普通投资者摆脱人性的恐惧和贪婪。

2. 降低基金经理的风险

指数基金跟踪的是指数的规则，而对基金经理的依赖程度低，降低了基金经理判断失误造成的风险。

3. 降低非系统性风险

指数基金是一篮子股票，分散投资组合，因此它既能享受股市的较高收益率，又能分散风险。

4. 投资简单省心

指数基金选股规则清晰、估值简单透明，投资者只用跟踪目标指数标的涨跌就可以判断跟踪标的的指数基金净值的变化，确定自己的获利或者损失。

对于能够研判大势的投资者来说，指数基金更是最好的选择。因为指数基金是一篮子优质产品，平滑了个股变化的波动性。

5. 成本低廉

指数基金成本低廉，除了管理费低，投资者采用长期持有的方式，不用频繁交易，也减少了交易费用。

投资市场上有三个投资原则：收益和风险成正比；人弃我取，人取我弃；闲钱投资、理性投资。而指数基金不用投资者刻意学习，也能遵守上面的投资原则。

投资工具那么多，但最适合的才是最好的。指数基金，就是最适合普通投资者的投资工具。

第六节 国家队也是指数基金的信徒

"国家队"在A股中的一举一动，都牵动着机构和私人投资者的心。国家队是从国家层面考虑为股市灌注活水，其投资胜率常常不言而喻。

一、什么是国家队

中央汇金投资有限责任公司（以下简称"中央汇金"）、中国证券金融股份有限公司、国家外汇管理局、社会保障基金、中国投资有限公司等都是标准的国家队，它们在 A 股的任何举动都是万众瞩目。

中央汇金，是依据《中华人民共和国公司法》由国家出资设立的国有独资公司。类似于投资公司，没有实际业务，它的主要职能是保证国家注资的安全、在投资中获得合理回报。中央汇金资金规模庞大，注重战略、兼并，操作上以中长期投资为主。

二、 国家队青睐指数基金

在指数基金在国内发展的过程中，国家队是其最忠实的拥趸，以中央汇金为例：

据 2015 年年报显示：中央汇金持有五只 ETF（一种指数基金，后文有介绍），而且多为该 ETF 的第一持有人，ETF 合计规模超过 450 亿元。

这五只 ETF 分别为：华安上证 180ETF、华夏上证 50ETF、南方中证 500 ETF、华泰柏瑞沪深 300ETF、国泰上证 180 金融 ETF。

中央汇金持有华安上证 180ETF 总份额的 87.16%；持有华夏上证 50ETF 总份额的 54.12%；而且在 2015 年进行大幅增持，增持量均超过 100 亿元。持有国泰上证 180 金融 ETF 总份额的 77.71%，持有华泰柏瑞沪深 300ETF 总份额的 41.95%。中央汇金是这四只 ETF 的铁杆"老大"。

到了 2017 年，据年报显示：中央汇金持有八只 ETF 指数基金，持仓市值达到 700 亿元。

这八只分别为：易方达深证100ETF、嘉实沪深300ETF、华夏上证50ETF、华安上证180ETF、金融ETF、华泰柏瑞沪深300ETF、华夏沪深300ETF和南方中证500ETF。持有华夏上证50ETF、华安上证180ETF数量最多，持仓市值均超过180亿元。

2018年，A股整体表现很差，超过90%的个股下跌，上涨的股票仅有8.8%。而在股市持续下跌时，却有大股资金流入。据统计，除去货币和个别QDII（合格境内机构投资者）基金，166只ETF（包括股票、商品和债券）全年增长了1541亿元，到年底总净值规模达到了3768亿元，增幅近70%。

作为全新的指数基金，ETF具有购买方便（实时申购赎回）、交易灵活便捷（全天候交易）、成本更低、透明度更高、误差更小等诸多特点。

2018年，许多机构应对熊意漫漫的股市，都把ETF指数基金作为战略布局的抓手。中央汇金此时却早已稳健布局，而且继续增持ETF，据华安上证180ETF的2018年中报，中央汇金的持有比例已经达到92.02%，而且后期还在不断增持。

三、国家队为什么如此偏爱指数基金

随着时间的推移，传统企业逐渐衰老，新兴企业开始萌芽并茁壮成长，而指数基金恰好反映的是迭代更新后的市场趋势，受个别企业的生命周期和阶段性盈利情况影响非常小。指数基金无须择股，不用择时，只看国家未来的经济发展，就能轻松稳定地盈利。对国家队来说，持有指数基金，既能完成做平准基金的基本职能，又能稳定盈利，实在是最好的投资工具。

这里解释一下平准基金，为了抑制股市非理性发展，如泡沫泛滥或者熊市暴跌，国家特指定机构建立基金，在证券市场逆向操作，熨平股市非理性波动，稳定证券市场。

国家队持有这些指数基金的盈利是多少呢？

以华安上证180ETF（510180）为例，这只基金成立于2006年4月。如果在2006—2017年间，任一时点买入并持有该基金，赚钱概率为85%。扣除所有相关费用后，180ETF十年复合收益率约为12%多，国家队进入市场，都是在低位，赚钱概率基本是100%。

随着指数基金的发展，国内的散户会逐渐选择指数基金，散户的减少，必然使指数基金具有更好的指导意义，能更好地发挥安全稳定的投资工具功能。

第七节　为什么指数基金优于绝大多数主动型基金？

什么是主动型基金？需要依赖基金经理进行资产配置、设计持仓比例和进出策略的基金，就是主动型基金。指数基金恰好与它相对，是被动跟踪指数进行投资的。股票指数里有成分股，每个成分股有不同的权重大小。指数基金完全复制指数里的成分股和每个成分股的权重，尽可能无误差地跟踪指数走势。

在巴菲特的十年赌约中，他选择的是指数基金，而与之对赌的另一方选择的就是主动型基金。从长期看，指数基金优于大多数主动型基金，为什么呢？

一、费用低

主动型基金需要主动选股，其收益与基金经理的专业程度、经验能力息息相关，基金经理必须要努力实现超越市场的平均收益，给予客户更好的回报。而指数基金的目的则是跟踪指数，缩小差异。

基金经理是有偿服务的，主动型基金的管理费高于指数基金。普通基金的管理费率为1.5%～2%，指数基金则为0.5%。这意味着主动型基金的收益至少超过指数基金1%，实际收益率水平才能与指数基金持平。

同时，为了应对申购赎回，开放式基金还要预留一些流动性，无法满仓操作，最高也只有90%。这同样意味着主动型基金需要赚取更多的超额收益，总体算下来，主动型基金大约多赚2%的收益才可以和指数基金持平。

二、指数基金的长期收益比大多数主动型基金高

指数基金更倾向于无为而治，但大多数人都不看好被动跟踪这种不作为，认为主动型基金的收益会更好。

指数基金教父、世界第一大基金管理公司先锋集团的创始人

第一章 指数基金：散户或者上班族的投资神器

约翰·博格表示：相信主动型基金的人，潜意识会认为在市场上涨和下跌之前，基金经理就会有所行动。实际上，再高明的基金经理都无法准确预测市场的涨跌，自然很难采取正确的行动。事实证明，在危机发生时，主动型基金经理并不能保护投资者。但不管市场如何变动，指数基金却能给投资者合理的市场回报。

为了说服董事会同意开发第一只指数产品，博格统计了从1945年到1975年指数基金和主动型基金的收益情况：主动型基金年化收益率为9.7%，而标普500指数的年化收益率为11.3%，年化超额收益率为1.6%，30年累计超额收益率是863%。

美国有一项研究用1929—1972年的美国股市历史证明了博格所说的话：主动型基金采取市场择时方法时，只有正确率超过70%，才能获得与买入并持有同期股票的人相同的收益。主动型基金战胜指数基金太难了。

2015年，先锋集团再次统计了自1985年到2015年标普500和主动型基金的收益率，前者年化收益率为11.2%，后者为9.6%。指数基金同样完胜。

据美国投资公司协会（ICI）统计，2007年年底，指数共同基金⊖、指数ETF在长期投资基金净资产中共占15%，到2017年，这一数值已经达到35%。有越来越多的投资者选择指数投资。

⊖ 共同基金：在西方国家，有价证券市场很发达，一些有证券经营经验的从业人组织大量中小投资者，共同筹集资金建立"共同基金"，目的是为了追求收益、资本增值，甚至进行投机。有证券经营经验的人，利用"共同基金"购买证券，向投资者提供可选择的购买方案，并向其收取一定的佣金。目前，中国也出现了共同基金。

在国内，指数基金的长期收益也比大多数主动型基金高。

2007年1月1日至2017年第三季度末，中证500指数累计收益率为283%，主动型基金平均收益率只有177%，若放在160只主动型基金里面，中证500排名第23位，跑赢了86%的主动型基金（见表1-1）。

表1-1　股市主动型基金与中证500指数收益率比较

年　　份	主动型基金平均收益率	中证500收益率	中证500排名
2007	121.43%	186.63%	4/160
2008	-49.44%	-60.80%	208/211
2009	65.47%	131.27%	1/263
2010	4.19%	10.07%	87/330
2011	-23.71%	-33.83%	368/390
2012	5.03%	0.28%	358/459
2013	15.82%	16.89%	207/518
2014	24.28%	39.01%	86/591
2015	45.36%	43.12%	382/738
2016	-9.79%	-17.78%	867/1224
2017第3季度	9.18%	5.42%	1102/1702
2007—2017第4季度	177.37%	282.54%	23/160

其实指数基金复制的是指数，而指数编制非常专业、严格，而且还会定期清理质量变差的成分股、加入更优质的成分股，保证了指数的质量。而主动型基金的选股、减仓、进出都具有较重的主观色彩，即使最优秀的基金经理也不能保证每时每刻都能做出最好的判断。长期来看，主动型基金很难跑赢指数基金。

第八节　学习指数投资必须知道的入门级投资知识

指数基金给投资小白提供了一条风险小、收益稳定的投资之路，为了让更多的读者能够轻松读懂本书，特此开辟一节，对进军指数基金必须要懂的一些入门级投资知识进行集中说明。

一、马科维茨模型

股票是所有投资工具中既可能享受高收益又可能遭遇高风险的品类之一，投资者当然希望在规避风险的情况下，获得最大的收益，那么怎么才能做到这一点呢？

当时还是芝加哥大学博士生的马科维茨给出了解决方案：他用数理统计的方法，将各个证券的投资比例设为变量，求证券组合收益最高、风险最低的方程。也就是说，把收益率作为一个随机变量，用随机变量的数学期望（均值）来估计预期收益率；把风险用能够反映随机变量波动情况的方差来表示。这就是均值—方差模型。这样投资者就可以用最小的风险获得最大的收益。

马科维茨认为最佳投资组合应当是：具有风险厌恶特征的投资者的无差异曲线和资产的有效边界线的交点（见图1-1）。

利用马科维茨模型，投资者可以根据自己的财富规模、风险偏好、投资目标，将资产在低风险、低收益证券与高风险、高收益证券之间进行配置。

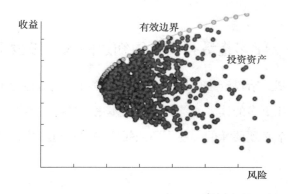

图 1-1　投资组合选择示意图

二、阿尔法和贝塔

马科维茨的学生，后来的诺贝尔经济学奖得主威廉·夏普，在马科维茨模型的基础上，把金融资产的收益拆解成两部分，即阿尔法（α）和贝塔（β）。阿尔法代表的是不随市场波动的部分，贝塔则是市场波动的部分。即：

投资收益 = 阿尔法收益 +（平均市场收益 × 贝塔系数）

贝塔系数代表的就是风险，它以市场总体的波动性为市场基准，衡量金融资产的收益风险大小。即，一只基金的价格和市场的价格波动性一致，贝塔等于 1。如果贝塔大于 1，意味着这个资产涨跌幅度大于市场。如基金的贝塔值为 1.6，当市场上涨 10%，基金上涨 16%；当市场下跌 10%，基金下跌 16%。如果贝塔小于 1，代表金融资产的涨跌幅小于市场波动。

阿尔法收益又称为超额收益，超额收益能力能规避市场系统性风险，它强调的是投资者（基金经理）的各方面的能力，包括基本面选股能力、仓位择时能力、量化选股能力。

三、 价值和价格的关系

巴菲特的老师、著名的投资人格雷厄姆在《聪明的投资者》中提到了这样一个观点：股票有其内在的价值，股票在股市上的价格变动，都是围绕着自身价值在上下波动。因此，做长期投资，需要研究股票的内在价值。价格根据市场上的供求关系在不断变动，但价值却具有持续性。

四、 资本资产定价模型（CAPM）

资本资产定价模型是在马科维茨模型基础上的单指数模型简化计算后的模型，1964 年，威廉·夏普、约翰·林特纳与简·莫森认为发现了市场任意资产组合的收益与某个共同因素存在线性关系，据此，发展为资本资产定价模型（Capital Asset Pricing Model，简称 CAPM）。

这个模型表达的是，在均衡条件下，投资者所期望的收益和他所面临的风险之间的关系可以通过资本市场线、证券市场线和证券特征线等公式来说明。

资本市场线（Capital Market Line，简称 CML）是指表明有

效组合的期望收益率和标准差之间的一种简单的线性关系的一条射线。

证券市场线（Securities Market Line，简称 SML），反映投资组合报酬率与系统风险程度系数的关系，以及市场上所有风险性资产的均衡期望收益率与风险之间的关系。资产的收益由无风险收益和风险溢价两部分构成。

证券特征线（Security Characteristic Line，简称 SCL）是证券（i）的超额收益率（Ri）与市场组合超额收益率（RM）间的回归直线。

公式过于复杂，这里就不介绍了，简单来说，资本资产定价模型说的是，资产价格取决于其获得的风险价格补偿。

五、Fama-French 三因子模型

由于 CAPM 模型总是不能准确表达风险收益关系，经济学家尤金·法玛（Eugene Fama）和肯尼斯·弗伦奇（Kenneth French）认为，股票的收益率还有其他的相关因子，并总结出 Fama – French 三因子模型。

风险因子：代表了个股对市场风险的敏感程度。

市值因子：账面市值低的成长型股票，流通性差，虽然经济下行期间风险较大，但需要获得更高的收益来补偿投资者，因此，投资者一般会获得超过平均值的回报。

账面与市值比重因子：市净率低的股票，也应该能获得更高

的回报。这里所说的市净率,是指每股股价和每股净资产的比率,即账面价值。

六、 风险均衡投资策略

风险均衡投资策略是由磐安资产管理公司的钱恩平博士提出的,是现代投资组合理论的最新成果,也是对马科维茨模型的完善。该理论的特点是风险均衡,即将组合分成多个核心组成部分,如股票、债券等,根据各个组成部分在组合中的风险动态平均分配权重,而非简单平衡资产的投资金额。这让那些不受经济景气等各种环境影响、表现良好的资产,都能够为投资组合抵抗风险做出类似的贡献,从而使组合收益长期稳健,并追求长期优秀的夏普比率。

第九节 股神巴菲特的资产配置利器

巴菲特在他的投资生涯中,创造了长期稳定的高收益。有人计算过,如果在50年前投给巴菲特一美元,那么现在就能拥有56674.73美元。如果这50年每年都给巴菲特一美元,很容易就可以成为千万富翁。

优化资产配置,是巴菲特完成这样传奇业绩的最重要的途径。什么是资产配置呢?资产配置,是指根据投资需求不同,将资金在不同资产类别中进行分配。前文说过,巴菲特三次推荐给普通投资者的资产配置利器就是指数基金，为什么股神如此看重指数基金？

在资产管理领域，指数基金与 ETF 的创新就如同航运业集装箱的创新一样。在原始的投资组合管理中，仅有十几个到几十个证券资产，投资者如同 18 世纪的码头工人一样，只能通过人工体力对证券进行逐一分析与配置。但是随着证券资产的多样化，资产配置的全球化，原有的工作模式不再适用，指数基金恰好出现。

各类指数基金就是各类细分资产的集装箱。通过指数基金可以更有效地完成资产配置工作，这就是"为什么说指数基金是资产配置利器"的答案。与此同时指数基金也在不断完善与发展。

在资产配置中，我们通常以大类资产㊀形式自上而下地进行权重分配。基于这种方法或许会有很多问题，如高收益债券（或称垃圾债券）到底是债券还是股票。

按照教科书中的分类，高收益债券是债券。但是从风险收益角度看，高收益债券更像是股票，为什么呢？

发行高收益债券的企业盈利水平通常受到经济环境影响较大，例如在经济不景气的周期里面，这种企业的盈利能力差，通常难以支付债券利息，导致评级继续下调，债券价格继续下跌。

㊀ 大类资产：股票、债券、大宗商品、现金为四大种类资产。大类资产配置就是在上面四大种类资产间进行配置。不同种类的资产在不同经济周期中的表现不同，因此，大类资产配置需要根据经济周期随时进行调整。由于国内股市波动率达到 40%，远远超过美国的 10%，因此，在配置股票类资产时需要格外谨慎。

在经济环境景气度较高的时候，高收益债券发行企业的盈利良好，信用等级上升，加之票面利率⊖远高于通胀水平，债券价格持续上涨。

与之形成鲜明对比的是国债，越是经济不景气的时候，国债越受到追捧，价格随之走高。因此对于高收益债券，无论风险收益还是价格走势，它都更像是股票。

无论现在最流行的智能投顾⊜还是资产配置型FOF⊜，其资产配置理论基本都以马科维茨的资产配置模型（见图1-2）为基

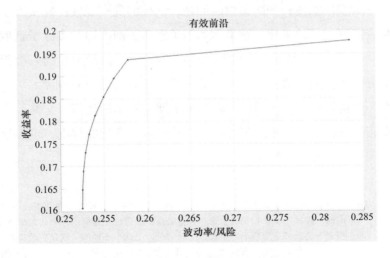

图1-2 马科维茨资产配置模型

⊖ 票面利率：债券发行人需要支付的债券契约中列明的利率。
⊜ 智能投顾，又称机器人理财，是一种虚拟机器人代替传统的人工为投资者提供理财服务的方式，基于客户自身的理财需求，通过算法和产品来完成服务。
⊜ Fund of Funds 是一种专门投资于其他证券投资基金的基金，公募FOF也是资产配置的最佳载体，它能解决投资者择时难、择基难的问题，后文会对此进行专门介绍。

础，马科维茨的理论也曾影响了他的同时代学者。由于其出色的、开创性的工作，马科维茨与威廉·夏普及默顿·米勒分享了1990年诺贝尔经济学奖。

但是，如果大家编程实现马科维茨资产配置模型都会发现这个模型的问题，在有效前沿㊀方面，相邻（距离很近的）两个点计算得出的资产配置权重组合相差很大，可能从10%变成20%……这种不稳定性或许由于协方差㊁的奇异或者优化迭代计算㊂过程导致。

为解决上述资产配置中的问题，国外的资产配置已经实现了从资产到因子的进化。这里面的因子并非我们熟知的多因子选股的"因子"，而是社会经济环境中的各类因子，最主要的三个因子分别为：经济增长率、物价通胀率、债券（融资）利率。

经济增长率，即国民生产总值末期与基期的比值，它是一个动态指标，反映的是一定时期经济发展水平变化的程度，也能反映国家经济的活力情况。

㊀ 有效前沿也叫有效边界。厌恶风险、偏好收益是投资者的心理常态。在相同的风险水平下，投资者会选择收益最高的组合；在相同的预期收益率下，投资者会选择风险最小的组合。同时满足以上两个条件的，就是有效集合。在资产组合理论中，有效边界是"风险/回报"图上的一条线，它表示投资者在特定风险容忍度下可选择不同最优资产组合方案。

㊁ 在概率论和统计学中用于衡量两个变量的总体误差。方差，是协方差的一种特殊情况，即两个变量相同。协方差矩阵，每个元素是各个变量之间的协方差。协方差矩阵一般为正定矩阵，至少非负定，奇异矩阵即方阵的行列式为0时的情况。

㊂ 迭代计算：为了找到收益率最好、风险最低的投资组合，需要用到量化技术，通过计算机程序来完成。计算过程就是通过迭代方式测算各种资产配置比例。

物价通胀率，即通货膨胀率，是货币超发部分与实需货币量的比值，它反映的是通货膨胀、货币贬值的程度。

债券（融资）利率，简单说就是需求方向供给方融资时所需要支付的利息与融入资金之间的比值。在金融市场上，表现为融资人为达到融资目的而交纳给券商的费用。

资产配置所需要解决的问题，就是如何根据经济环境的变化，来配置三个因子风险敞口（未加保护的风险，也称为风险贡献度）的问题。

例如：经济增长率高、通胀率与融资利率低的时候，配置权益资产的收益率最高；经济增长率低、通胀率高、融资利率低的时候，配置商品资产的收益率最高；经济增长率低、通胀率低、融资利率平稳的时候，配置高信用等级债券收益最高。

风险均衡策略，是指资产配置组合面对不同因子的风险敞口风险贡献度（均衡）相同。当然在此基础上还可以引入主动管理理念，根据预期判断增加或者降低某类因子风险敞口。

基于因子的资产配置，相对于传统基于基础资产的资产配置，更精细与精准。可以将各类基础资产按因子拆分，例如高收益债券中权益特征更显著，或者说在经济增长率高、通胀率与融资利率低的经济周期表现更优。周期股票与非周期股票也可以按因子进行分类。本质上而言，基于因子分析，相当于将各个基础资产（各种属性）按因子映射到相对简单的空间进行分析，换句话说，就是化繁为简。

投资日志：指数基金投资，躺赢80%的投资者

我最早也是在金融机构工作，十几年前刚入行，我的一个领导问我，说小郑，你怎么样判断一个人的选股能力？这个问题大家都没有想过，他推的股票涨了就是好，但是你会发现他推的股票有的涨有的跌，他也不能告诉你哪只股票肯定涨，那么我怎么去判断他的选股能力？这件事情对我来说是件很重要的事情。因为，他推的股票涨是随机的事情，那么我是否投也是随机的事情，可能他推的股票涨的我没有投，跌的我全部投了，所以关于这件事我想了很长时间。我们可以把相关的股票拿出来做一个市值，看他的股票是否跑赢其他股，你会发现可能所有推股的人不是选中了好的股票，而是选中了好的行业或者选择了小盘股票。也就是说，选股太累了，可以进化到选行业或者选大盘还是小盘。

一、贝塔越多阿尔法越少

以前股票赚钱就是超额收益，但是今年大多数人炒股的收益肯定跑赢不了沪深300，你会发现跑赢沪深300才叫好，如果你跑不赢沪深300，还不如买沪深300。

指数后面越分越细，今天最好的指数是什么？白酒。有几个人跑赢白酒了？没有，那你还不如买白酒指数。一开始是宽基指

数,比如说沪深 300、中证 500,后来又是行业指数如白酒、医药,再后来还有主题指数,比如说粤港澳大湾区 ETF、策略 ETF、Smartbeta、多资产 ETF,以后会越来越丰富。

指数基金的成功是低费率的成功。任何投资组合都是主动的,指数基金是被动的,但是你选择哪个指数基金是主动的。比如过去三年,有人定投中证 500,现在是赚钱还是亏钱的?亏 15%。如果投沪深 300,是赚 15%,无论中证 500 还是沪深 300 都是被动的指数基金,选谁是你自己的事情。所以,大家不要以为投资指数基金就等于被动投资,你也是要选择的。

另外,一个人可能会买多只基金,或者你买股票的,一个账户里会有多只股票和基金,这就是你的投资组合。你买主动基金的组合就相当于选主动基金的行为是主动的,主动基金买股票又是主动的,是个主动×主动的过程。另外,你如果是基于指数基金构建一个组合的话,你选择指数基金的过程是主动的,但指数基金的投资是被动的,那就是一个主动×被动的过程。彼得·林奇就是主动的,约翰·博格就是被动的,但关键是主动×主动与主动×被动的区别是什么?前者费率远高于后者。

二、 基金业绩并非投资者的收益

银河证券的数据告诉你:基金行业偏股型基金 20 年年化收益为 16.5%,银河证券到第二年又出了一个数据说:投资者是亏钱的,就是主动基金没有给投资者赚钱。

为什么呢？

就是你们买基金是看排行榜买，最近哪只涨得好就买进去了，而在市场下跌的时候，你就亏了。去年市场跌得比较惨的时候，我在上证2600点以下，每天定投1000元，因为每次市场在2000、3000点的时候，我说市场如果有一次仓进点，我一定满仓，但是3000点的时候你会想2000点。每天投入都亏钱，但是你知道这件事情是对的，不过心情会不好；但是市场涨的时候，你投进去，明天涨、后天涨，这件事情是高兴，但是你要知道这个投资行为是错误的。

最后得出的结论如下。

第一，不是买业绩好的基金，而是买的基金业绩好。很多基金最大的问题是业绩不持续，去年跑第一，今年跑倒数第一，但是你反过来想，如果基金的业绩是持续的，那还有第二名的基金吗？没有了。所以，基金的业绩注定就是不可持续的，如果基金业绩是可持续的，那么大家永远买最好的基金就可以了，不可能差。所以说大家心里要明白，基金的业绩不持续，这就是基金的宿命，这种金融产品就是这样的结果。

第二，基金投资者的收益，仅仅有三成是由基金业绩决定的，其余七成都是由投资者的申购赎回行为决定的。大家买基金最后是否赚钱取决于两件事：一是你买的基金业绩好不好，二是你什么时候买的、什么时候卖的。你买的标的的业绩以及你的投资行为，这两个哪个对你的长期影响更大？是后者。

自从2007年上证指数上3000点以后，12年了，到现在还是

3000 点，所有人就说，先不说上证指数是好还是坏指数，它确实就是这样的结果。现在又是 3000 点，那我们该怎么办呢（见图 1-3）？

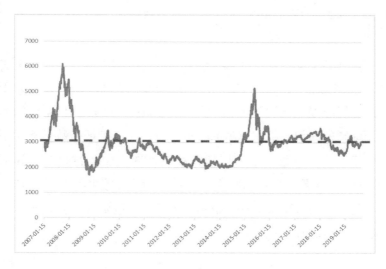

图 1-3　上证综指多次越过 3000 点

举个例子，假设最低跌到 2000 点，亏 30%，最高涨到 6000 点赚 100%，换句话说，你只要现在买入了，等着牛市卖出就行了。但是为什么结果我们是亏钱的呢？因为你觉得你还能赚得更多一些，结果通常是什么样的？大家在 3000 点的时候投了 1 万元，到 4000 点赚钱了，投了 5 万元，到 5000 点的时候说自己是股神了，就投了 100 万元，行情就到此结束了，你就开始亏钱了。

大家记住，千万不要采用倒金字塔模式，就是 3000 点的时候投 1 万元，4000 点投 5 万元，5000 点的时候押上全部身家，这是注定亏钱的。大家一定要记住，如果你想投资，就现在先买一半，如果市场涨了就不买了，市场跌了再补仓，你的心情会好很多。而不是现在先买一点，等到 4000 点、5000 点的时候再买多。

为什么上证指数不好呢？因为它有一个规定，一只新股上市 11 天以后就会纳入上证综指，我们知道一只新股前 10 天会怎样？连续涨停，然后第 11 天开始自由回落。在每一只新股纳入上证综指的时候，给它贡献的是负收益，所以上证指数是非常不好的指数。现在我们拿上证指数和沪深 300 全收益指数、深证 100 全收益指数、中证 800 全收益指数对比。全收益指数是持续向上的，因为股票有分红，很多人证明了，投资银行比在银行存款的收益更高（见图 1-4）。

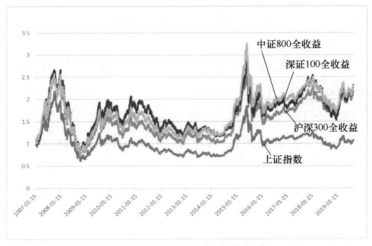

图 1-4　上证综指对比全收益指数

三、 躺赢的关键是低费率

指数基金之父约翰·博格说过一句话:**"如果你领悟到金融市场的运行机理,就会发现要获得属于你的那份收益,低费率的指数基金是唯一的途径。"**

主动基金打着超额收益的幌子玩一个负和博弈的游戏,为什么这样讲?什么是超额收益?超越市场的收益才是超额收益,这个市场的基准不是上证指数,而是中证 800 全收益指数或者 MSCI 中国指数。

有正的超额收益就有负的超额收益,为什么?举个例子,我们班 50 个同学,假设我们有一个基准的平均身高,那么在班里有人低于这个平均身高,才会有人高于平均身高。如果不考虑到税费,正的超额收益 = 负的超额收益,但是如果考虑税费,就是正的超额收益 + 税费成本 = 负的超额收益。

负的超额收益一定要比正的超额收益多,换句话说,一将功成万骨枯,现在别人和我讲超额收益,我说你是别人超额收益的来源吗?你是割韭菜的还是你就是韭菜?结果就是正的超额收益 + 税费成本 = 负的超额收益,那么税费成本是多少呢?仅印花税与交易佣金,2015—2018 年平均每年至少 3000 亿元。而 2018 年个人投资者持仓市值占比不足 40%,交易量占比 80% 以上,不知道有多少追求超额收益的资产成了炮灰,才能积累出每年

3000 亿元的规模。

投资指数基金为什么会躺赢大多数投资者呢？投资低成本指数基金跟踪市场收益，持续低费率的复利，每年可以跑赢55%的投资者三年之后可以跑赢大多数的投资者。这是市场运行的规律，但是在这个规律面前，我们每个人都以为自己能跑赢市场，我们有梦想，每年为这个梦想支付了3000亿元。

我觉得追求梦想没有错，就看你投资是为了什么？如果是消遣、是娱乐，没有问题，但若你的投资是为了保值增值，那就不应该交那3000亿元。

博格与巴菲特说过，**"投资盈利的最大敌人是费用与冲动"**。有人说中国市场不好，美国市场好，其实你会看到无论中国市场还是美国市场，10年以上的长期收益基本上都是8%～9%，加上分红差不多就是10%。中国市场更好，中国市场1991年100点，现在3000点，这是很好的市场，只不过近些年发现，在中国市场赚钱的都是零几年之前的那批人。

假设市场年化费率为每年10%，30年后的复利为16.5倍；

假设基金费率为每年0.2%，30年后的复利为15.5倍；

假设基金费率为每年2%，30年后的复利为9.1倍。

每年0.2%的费率吞噬了6%的市场收益，每年2%的费率吞噬了44.8%的市场收益（见图1-5）。

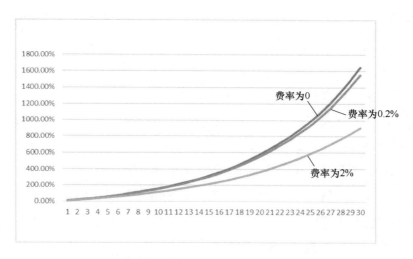

图1-5 市场收益率为每年10%,不同费率的复利

四、 指数基金组合

如何构建一个基于指数的基金组合?

投资者的资金总是在基金实现好的收益之后才冲进来,等到业绩下跌之后又匆匆离开。

为什么基金是赚钱的,投资者是亏钱的?比如一只基金从1元涨到2元,涨100%,你觉得它过去一年的业绩非常好,就以2元买了。如果现在这只基金从2元跌到1.4元,亏了30%,基金经理说,总计是从1元涨到1.4元,还赚了40%。明白了吗?基金赚钱,你亏钱,就是这个原因。

但是全市场有8000多只基金,选基金容易还是选股票容易？我觉得选指数最容易。再重复一遍：买基金不是买业绩好的基金，而是买的基金业绩好。基金投资者的收益，只有三成是由基金业绩决定的（在市场底部要多买基金，但是会很痛苦），其余七成都是由投资者的申购赎回行为决定的。

为什么要定投？是因为你看好中国的经济。在3000点定投，到2000点的时候，你会怎么想？中国经济还有前途吗？基于中国经济去投资，在市场跌的时候，最该加仓的时候买入就对了。

于是我就搞了一个绿巨人组合，2018年在上证2600点以下时每天投1000元，有什么好处？你发现一个人走夜路不敢走，好在有一群人和你一块儿投的时候，走夜路会心情好很多。

那么，我们必须清楚地意识到：

第一，指数基金的种类与数量越来越多。比如宽基、行业、主题、Smartbeta（单因子、多因子）。

第二，选择指数基金是主动的过程，主动意味着有风险。

第三，想在一年之内发财是很难的，想在十年之内发财也是很难的。如果你抱着暴富的心态，抱着买基金发财这个梦想，会走向高风险与高收益道路，但是由于专业能力的匮乏，结果就是高亏损。

所以，大家心态平衡一些，是为了保值增值，为了对抗通胀。你把你自己投资基金的目标降低点，心态就会好一点，不要说买基金明年就能够换一套房，这是不可能的事情。

我做绿巨人这个组合是怎么想出来的？

首先，我不知道什么行业好，那么我可以做一个组合，叫绿巨人组合，目标是覆盖中国的优质企业（不是A股的优质企业）。A股的市值只占中国企业所有市值的60%，但是A股的优质企业占中国市场的优质企业我估计不到60%，因为创业板的估值那么高，科创板更高。我们父母那一代，问起中国的最大企业是什么，他们肯定说是工商银行。那么现在问大家中国最大的企业是谁？阿里巴巴和腾讯，差不多都是4万亿元的规模，茅台1万亿元不到，招行也不到1万亿元。具体怎么办？分散、低估值，买点中国优质的企业，比如说MSCI指数或者沪深300，买点港股的恒生国企指数，把这些优质企业覆盖。

策略就是选择指数基金，保持低换手率。有人问我的组合为什么六个月没有调仓，他认为每天调仓很好，但是买卖一次都是6‰的成本，而且每次调仓一定能赚钱吗？不一定，所以我每年的换仓率不到20%。

我在雪球上有两个组合，大家可以关注我的望京博格首页，可以看到一个绿巨人组合。

大家说绿巨人组合的名字不好听，我觉得名字非常好，因为我以前在基金公司是做产品设计的，设计了100多个产品，但是能够想得起名来的没有了，为什么？因为名字都很正统，什么永福、永进，根本记不住。绿巨人的寓意就是简单、粗暴、有效。

还有一个组合叫李时珍，是医药领域的。为什么有医药组合？因为全世界能够长期跑赢沪深300的行业就是两个：一是消费，二是医药。消费我不敢买了，太高了，就买了医药，业绩还不错（见图1-6）。

图1-6 绿巨人组合

第二章
总是听人说指数基金,指数基金到底是什么?

国外成熟的指数基金投资模式,也带动了国内指数投资行业的发展。近十年来,尽管投资者对指数基金这个名字耳熟能详,却大多只知道皮毛。为了玩转指数基金,我们有必要从根源学起,了解什么是指数基金,指数基金包含哪些类型,公募FOF的进化史以及投资者理财工具的进化史……熟悉指数的前世今生及未来发展,进而深入掌握这个投资神器。

第一节　什么是指数基金？

2018年5月15日，美国摩根士丹利国际资本公司（MSCI，即明晟）官方宣布纳入中国A股，将234只A股股票纳入MSCI的新兴市场指数、全球基准指数（ACWI）中，后续又将A股的纳入因子提升到5%。2019年3月1日，MSCI官方再次宣布增加中国A股权重，逐渐从5%增加至20%。

国外投资者对指数基金十分信赖，指数基金在国外已经发展得如火如荼。MSCI对中国股市的探索，不但带动了中国股市的发展，对国内指数投资行业的发展也起到了推波助澜的作用。有越来越多的人渴望了解指数基金。

一、什么是指数

我们常做这样的数学题：已知拉拉队每个人的身高和拉拉队的人数，求拉拉队的平均身高。用全体成员的身高总和除以人员数，这个平均数就是拉拉队的"身高指数"，这个身高指数反映的就是拉拉队身高的整体水平。

同理，股市中有那么多股票，怎样知道某一个时间段股市整体情况是涨还是跌呢？用的就是股票价格指数。

股票价格指数，就是选取有代表性的一组股票编制计算的，用来度量股票市场的总体价格水平，或者用来反映某类股票价格水平变化的指标，它是一个股价统计的相对数。

通俗点讲，股票指数，就是以事先约定好的计算方法，将某个股票组合在每个时刻的价格浮动呈现出来。指数最主要的作用就是刻画市场走势。

目前市场上最主流的指数有三个：上证 50 指数、沪深 300 指数、中证 500 指数。

上证 50 选择的是上海证券交易市场中流动性最好、市场规模最大的 50 只股票，它代表的是市场绝对主力；沪深 300 选择的是上海、深圳两个交易市场里流动性最好、市场规模最大的 300 只股票，它代表的是市场第一梯队股票；中证 500 则是从全部 A 股中排除沪深 300 指数成分股即总市值排名前 300 名的股票后，总市值排名靠前的 500 只股票，它代表的是中小盘股。

在资本市场，不仅股票有指数，债券、外汇市场也有指数，理论上，所有的资本市场都有指数，比如黄金指数、比特币指数，这些指数构成了资本市场的指数体系。

围绕指数，还衍生出股指期货、股指期权等金融衍生品，如上证 50 股指期货合约。

二、 什么是指数基金

有了指数，就有了对应的跟踪指数的基金，即指数基金。

指数是一个选股规则，按照规则挑选出一篮子股票作为股票组合。指数基金就是由基金公司开发的基金产品，也按照指数的选股规则，买入相同的一篮子股票。

指数的规则是公开透明的，指数基金公司可以完全复制指数的规则，而不用依赖基金经理，也就不会出现利益输送，收益也完全取决于指数标的。

指数基金是一种被动追踪指数的投资模式。指数基金公司持有的股票种类、数量、比例与指数越接近，指数基金的跟踪误差就越小，其收益与标的指数就越接近。

目前，跟踪上证 50 指数、沪深 300 指数、中证 500 指数的基金最多。

三、 指数基金能持续迭代更新

俗话说：流水的企业（股票）铁打的指数，指数反映的是整体国运，个别企业（股票）的成败，影响不了指数，自然也就影响不了指数基金，指数基金可以跟着国运永远活下去。

巴菲特在遗嘱中把自己的大部分资产托付给"指数基金"，就是看中了指数基金的长久性。指数不死。

投资市场里始终保持上涨的，而且长期上涨速度最快的，就是优质股票。而指数基金是一篮子股票，它同样具有长期上涨、上涨速度快的特征。

上证综指诞生于 1991 年，最初指数也是 100 点，2006 年 8 月达到 1561.20 点，到了 2019 年 6 月，则达到 2906.06 点，随着时间的推移不断增长，如果再加上股息，增长率更高。

比尔·盖茨曾说：我们总是高估最近一两年的变革，却低估未来 10 年要发生的变化。投资是一项长期活动，能长期保持增长的理财工具才是好的理财工具。指数基金可以让普通投资者践行价值投资的理念，不用在股市里担惊受怕、高买低卖，是省事、省心、省钱、省时又省力的"五好"投资产品。

第二节　指数基金的分类

2002 年，我国诞生了第一只指数基金——华安上证 180 指数基金，开启了被动投资的时代，到 2019 年，市场上指数基金越来越多，类别也越来越丰富。指数基金有很多种分类，而且同一标准下还可以继续划分。

一、按跟踪指数成分股的覆盖范围划分

指数基金根据是否限定投资行业，分为宽基指数基金和窄基指数基金，窄基指数基金又进一步划分为：行业指数基金、主题指数基金、策略指数基金。

1. 宽基指数基金

宽基指数不限制投资的行业。上证 50 指数、沪深 300 指数、中证 500 指数都是宽基指数，跟踪它们的基金就是宽基指数基金。

除了上面这三个主流指数，宽基指数还包括如下几种。

创业板指数：创业板是相对一板（主板）的，又叫二板，是中小型企业、创业型企业、高科技企业上市融资的渠道。创业板指数选择的是板块里最具代表性的 100 家企业的股票。

红利指数：是最近十几年兴起的一种特殊的策略加权指数。如上证 50 指数等都是市值加权，即市值越高，规模越大，股票在指数中的权重越高；而红利指数则按照股息率加权，股息率越高，权重越高。红利指数包含的是现金分红（股息率）最高的股票。

基本面指数：成分股为企业基本面表现最好的股票。判定企业基本面好坏有四个维度，分别为企业的营业收入、现金流、净资产和分红。它也属于策略加权的一种。

央视财经 50 指数：是由央视财经频道牵头，通过专家评审委员会投票选股进行加权的指数。

恒生指数：成分股为香港交易所上市的企业中规模最大的 50 家企业的股票。

H 股指数：在内地注册的企业在香港上市就是 H 股，H 股指数即恒生指数公司编制的恒生中国企业指数。

上证 50AH 优选指数：成分股与上证 50 相同，但在 A 股和 H 股上市的成分股在某个时间段会表现出不同的价格，这时可以使用轮动策略来获利，即买入 AH 股中较便宜的，卖出贵的。

纳斯达克 100 指数：纳斯达克规模最大的 100 家企业的股票。

标普 500 指数：定位类似于国内的沪深 300，成分股为排在各行业前面的龙头企业中的 500 家企业的股票，既包括大企业，也有很多中型企业。

跟踪这些指数的基金都是宽基指数基金。

2. 行业指数基金

行业指数基金受行业特性影响很大，即投资行业指数基金，难度更高，风险更大，不但要考虑投资价值，还要考虑行业特性以及行业当前所处的发展阶段。

不是所有的行业都值得投资，那么有哪些值得投资的行业指数基金呢？

必需消费行业：这是需求最稳定的行业，也最适合投资。

医药行业：公认的国际化产业，也是各国都在重点发展的行业，经济危机时期，医药行业是最好的避险板块，即使宏观经济差一些，医药行业的整体表现也会有很好的表现。

可选消费行业：需求比必需消费行业弱，具有周期性，得益于人口红利。

养老行业：这是一个概念性行业，其实是多行业混合的产业。

除此而外，还有周期性强的银行、证券、军工、环保、白酒等行业。跟踪这些行业指数的基金就是行业指数基金。

3. 主题指数基金

主题指数基金按照主题来跨行业、跨地域选择企业，找到影响国家经济发展、影响企业盈利的深层原因、关键性因素，将与之相关的优质企业股票纳入成分股。

4. 策略基金

策略指数是传统的、只做多的、市值加权指数之外的指数，它的加权方式不仅限于市值，有多空两种交易方式。追踪策略指数的基金就是策略基金。

二、根据交易方式不同划分

根据交易方式不同，指数基金可以分为场外和场内两类。

1. 场内指数基金

场指的是交易所，场内指数基金就是在交易所内上市交易的指数基金，因此需要投资者在证券公司开户，使用交易软件交易、申购赎回。一般来说，场内指数基金交易量大、交易频繁。场内指数基金包括 ETF 和 LOF。

ETF（Exchange Traded Funds）：译为交易型开放式指数证券投资基金。顾名思义，即在交易所上市交易的开放式指数基金，它兼具股票、开放式和封闭式指数基金的三种优势特点，是一种高效的指数化投资工具（后文会有详细的介绍）。

LOF（Listed Open-Ended Fund）：这是本土化的创新品种，译为"上市型开放式基金"，它的主要特点是增加了交易方式，除了传统的能申购、赎回外,还能买入、卖出,投资更加灵活,交易更加便捷,而且交易成本也更加低廉。

ETF 和 LOF 有三点不同:

申购赎回机制不同:ETF 使用股票和现金来完成交易,LOF 使用现金来交易。

交易效率不同:ETF 交易效率高于 LOF,在深交所,LOF 当天买入,T+1 日才可以赎回,当天申购,T+2 日才可以卖出,导致场内折价高。

申购门槛不同:ETF 申购最低份额为 30 万份,有的甚至以 100 万份为起点,门槛很高;LOF 门槛低,一般以 1000 基金单位为起点。

2. 场外指数基金

不能在交易所直接买卖,需要通过证券公司、基金公司、银行柜台等销售平台申购赎回的就是场外指数基金。场外指数基金品种更多,包括全部的开放式基金,还能设置定投自动扣款,非常方便快捷。

因为场内交易方便、费率低,导致大家都想在场内套利,投资者关注市场,看到某条打动自己的新闻或者建议的时候,一冲动就买入或者卖出了,但如此反复就是频繁交易,无法长期持有,而且获利相对难!相反,场外基金因为交易费贵,投资者更希望长期持有。长期来看,场外交易比场内交易更能获得稳定收益。

三、 按主动性划分

普通的指数基金被动跟踪指数即可，但后来又出现了增强型指数基金，也是以指数化投资为主，但允许基金经理择时、择股，进行主动管理。也就是说，增强型指数基金允许基金经理选择指数成分股以外的股票（资产），但有比例约束，自选的资产，不能超过现金资产的20%，以获取超额收益。

有些增强型指数基金的确有增强效果：2017年，沪深300指数涨幅为21.78%，沪深300增强基金的平均收益为22.63%，跑赢指数；2018年，沪深300指数涨幅为-19.69%，沪深300增强基金的平均收益为-15.26%，同样跑赢了指数。

了解指数基金的分类，以及各品种的特色，能帮助我们从纷繁芜杂的指数基金里挑选最适合自己的、最优质的指数基金。选择好才是真的好，跟踪它们，就可以躺着赚钱。

第三节　公募FOF基金的进化

FOF（Fund of Funds），翻译为基金中的基金，是投资其他基金的基金，有人称它为基金2.0版。FOF通常会选择公司总体实力均衡、业绩回报长期稳定、基金经理优质且稳定的基金。

很多FOF也重仓配置指数基金。但和指数基金不同，FOF加入了后续动态管理。

FOF是由资深研究员和投决会（投资决策会）来选定基金标的，由专业的团队通过配置一篮子基金，分散投资降低风险、降低波动,而且,其专业性也保证了收益稳定。

在欧美发达资本市场,FOF已经是一类成熟的理财产品。但我国的FOF刚刚起步。2017年是公募FOF元年,10月,国内第一批公募FOF面世,到2019年1月,回看这一年多FOF的发展,虽然时间不长,但是让我们深刻体会到"实践出真知"的意义,如表2-1所示。

表2-1 普通FOF(截止日期:2019年1月10日)

普通FOF产品	最新净值	成立日期	成立规模(亿元)	最新规模(亿元)	赎回率
嘉实领航资产配置混合A	0.9634	2017-10-26	28.64	11.69	57.64%
嘉实领航资产配置混合C	0.9526	2017-10-26	—	1.42	
南方全天候策略混合A	0.9834	2017-10-19	33.03	9.57	70.55%
南方全天候策略混合C	0.9761	2017-10-19	—	2.60	
建信福泽安泰混合	0.9822	2017-11-02	27.92	9.66	64.77%
华夏聚惠稳健目标风险混合A	0.9857	2017-11-03	46.91	12.20	73.61%
华夏聚惠稳健目标风险混合C	0.9811	2017-11-03		2.07	
海富通聚优精选混合	0.7864	2017-11-06	21.59	8.95	47.31%
泰达宏利全能优选混合A	0.9736	2017-11-02	8.27	3.06	61.97%
泰达宏利全能优选混合C	0.969	2017-11-02	—	0.26	
中融量化精选A	0.9834	2018-05-04	4.29	0.76	81.85%
中融量化精选C	0.9789	2018-05-04		0.19	
前海开源裕源混合	0.994	2018-05-16	2.99	1.76	40.82%
华夏聚丰稳健目标风险混合A	1.0026	2018-10-23	3.70	0.05	98.76%
华夏聚丰稳健目标风险混合C	1.0018	2018-10-23		0.10	
长信稳进资产配置混合	1.0248	2018-09-05	4.40	0.19	95.85%
上投摩根尚睿混合	0.9842	2018-08-15	2.11	0.47	77.28%

FOF产品已经从精选基金的定位，逐步转向养老定位的目标日期基金，这一过程在美国市场经历十年，但是在中国仅历经一年多时间。

首批六只FOF基金募集规模为166亿元，目前仅剩余61亿元，赎回率从高到低依次为华夏的73%、南方70%、建信的64%、泰达宏利的62%、嘉实的57%以及海富通的47%，当然这里海富通偏股型基金仓位最高，亏损最多。

之后发行的FOF中，上投摩根与长信基金由于发行困难，延长了募集期，通常在延长募集期会找资金帮忙，结果就是上投摩根FOF赎回率为77.28%、长信FOF的赎回率为95.85%。

其中长信FOF的规模仅为0.19亿元，不算管理费与托管费等其他费用，单单信息披露费每年至少几万元，假设信息披露费用（以下简称"信披费"）为8万元，对于该基金的净值影响就高达每年0.4%，期望三大报（《中国证券报》《上海证券报》《证券时报》）是中国证监会指定披露上市公司信息、中国保监会指定披露保险信息、中国银监会指定披露信托公司信息的报刊）可以免除这个迷你基金的信披费。

养老目标基金（满足人们养老目标的基金）相关法规创设了一个新名词"锁定持有期"，即客户申购之后持有一定期限方可赎回。这一制度还是非常有效的，不仅有效避免了帮忙资金⊖，还可以强制客户长期持有。

事实上，2018年以来，养老目标基金异军突起，按规定它

⊖ 帮忙资金：新基金发行时，会找其他利益方帮忙，使基金募集规模更大。

们采取了FOF模式。截至2018年年底，获批养老目标基金已经达到40只，待批的养老目标基金还有33只。

养老目标基金的发行目标从冲规模修改为冲户数，以及开放之后的持续营销与定投的推广，其中华夏基金2040基金成立规模为2.12亿元，持续净申购之后最新规模为3.27亿元，净申购率为54%。

与此同时，在2016年出现的大V组合，从起初的几十万元、几百万元经历不到三年时间的成长，有些跟投规模已经上亿元，更有甚者跟投规模逾十亿元，相比公募FOF规模发展，产生了值得深思的问题！

第四节 什么是ETF基金？

ETF基金是当今全球金融市场最成功的一款创新产品，它一出现，就改变了传统投资者、资产管理行业的思维模式。前文提到了诸多ETF的事，国家队热衷于它，2018年在A股整体低迷时它大放异彩。那么什么是ETF？

ETF（Exchange Traded Funds）：翻译为交易型开放式指数证券投资基金，简称交易所交易基金，是场内指数基金的一种。交易所给出的ETF概念，是"能跟踪标的指数变化且能在交易所上市交易的基金，投资人可以像买卖股票那么简单地去买卖ETF，从而获得与该指数基本相同的报酬率"。

一、ETF 概念

这个概念里有三个重点，如图 2-1 所示。

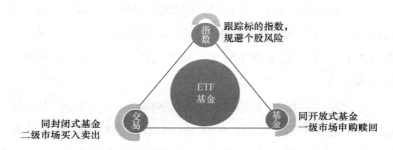

图 2-1　ETF 三大重要特点

1. 指数

ETF 是一种指数型基金，它追踪并完全复制特定指数，来构建跟踪指数变化的投资组合。投资者买卖的是一种产品，实现的却是一篮子证券交易，排除了非系统性风险，由于标的指数组合透明度高，只要缩小与跟踪指数的差异，就能获得与指数相近的收益。而且操作透明度高，管理费很低。

以上证 50ETF 为例，该 ETF 跟踪上证 50 指数，两者走势基本一致，买入一只上证 50ETF，等于同时买入 50 只绩优股，获得它们的平均收益，却不用花高额的资金。

2. 基金

ETF 是开放式基金，在交易时间内，投资者可以随时向基金管理公司申购、赎回 ETF 份额，也可以在二级市场买卖 ETF 份额，因此，它综合了开放式和封闭式基金的优点。

ETF 采用的是"实物申购赎回"机制，即可以直接向基金经理以一篮子股票兑换 ETF 份额，或者以 ETF 份额兑换一篮子股票。ETF 也为普通投资者提供了更为便捷的方式，在二级市场买卖 ETF 份额，投资者需要在证券公司开立股票账户或基金账户，经由证券公司的电话委托或在网络交易系统提交订单，按市场价格进行交易即可。

3. 交易

ETF 又被称为"大股票""指数股"，是"股票化的指数投资产品"，主要就是因为它交易性质突出，能像股票一样自由买卖。

指数化投资的目标是投资组合收益紧跟指数走势，判断指数化是否有效的标准为跟踪误差，跟踪误差是组合收益与指数收益率[⊖]的方差累加和。指数化投资看起来容易，但是执行起来并非易事。

普通开放式指数基金，是每日可以申购赎回的指数基金。投资组合可以紧跟指数的前提是 100% 满仓，仓位不足，将导致跟踪误差扩大。试想一下，如果组合仅持有 80% 仓位的股票，指数上涨 1.00%，指数基金仅能上涨 0.80%。普通开放式指数基金产生跟踪误差，主要是基金申购赎回导致的。

通常，市场好时，基金申购大于赎回，导致基金仓位不足，

⊖ 指数收益率 =（收盘价 − 昨日收盘价）/昨日收盘价 × 100%。

指数基金跑输指数；市场持续下跌时，基金赎回大于申购，基金仓位过高（通常 T 日赎回份额，以 T 日净值为赎回价格，但是赎回资金通常需要在 T + 1 日卖出股票获得，如果 T + 1 日股票价格低于 T 日），指数基金跌幅就比指数还大。

除此之外，普通开放式指数基金还要不停地进行股票交易以应对申购赎回，但凡交易就会涉及交易佣金与印花税等额外费用。

如何避免申购赎回对指数基金投资的影响呢？

最简便的方法，便是采用封闭式基金模式。

但封闭式基金将面临另外一个更为严重的挑战——折价问题。由于封闭式基金不能申购赎回，持有人变现基金份额的方法，只有通过二级市场折价交易基金份额。

封闭式基金折价之谜也是投资界的谜团之一，无论如何，初始投资者都不会希望以折价出售自己以净值购买的基金份额。LOF 或许可以解决封闭模式的折价问题，但是不能解决申购赎回造成的仓位不稳定问题，例如分级基金存在套利空间，如果出现大额申购，导致分级基金母基金涨幅不及标的指数。

ETF 却恰好能很好地解决以上问题，因此，它被称为指数基金跨时代的产品。它结合了封闭式基金和开放式基金的运作特点，投资者既可以向基金管理公司申购或赎回基金份额，同时，又可以像封闭式基金一样在二级市场上按市场价格买卖 ETF 份额，不过，申购赎回必须以一篮子股票换取基金份额或者以基金份额换回一篮子股票。

由于同时存在证券市场交易和申购赎回机制，投资者可以在 ETF 市场价格与基金单位净值之间存在差价时进行套利交易。套利机制的存在，使得 ETF 避免了封闭式基金普遍存在的折价问题。

在基金投资运作方面，我们发现 ETF 是指数化投资产品的极致，其以一篮子股票申购赎回的模式保证 ETF 时刻都是 100% 满仓（除允许现金替代以外），同时由于 ETF 套利机制，保证了交易价格与基金净值的偏离极小。

除此之外，投资者申购、赎回指数基金，都需要支付申购费与赎回费，如景顺长城中证 500 行业指数基金申购费率为：金额小于 50 万元申购费率为 1.20%，期限大于 7 日而小于 365 日赎回费率为 0.50%，申购或赎回时一次性收取。但是交易 ETF 仅需要万分之一点五的佣金，可以低成本实现不同 ETF 之间的切换。但是如果 ETF 交易量不足，大额投资者想买到一定量则存在一定的困难。

二、 ETF 的萌芽和现状

回溯历史，ETF 是以救市的姿态诞生的，1987 年 10 月 19 日，美国股市发生了历史上最大的一次崩盘，即著名的"黑色星期一"，并直接引发了全球市场的灾难。电影《甜蜜蜜》里，李翘投资港股遭遇的股灾，就是这一次股灾。

美国证券交易委员会（SEC）在救市过程中意识到，导致股市暴跌的诸多因素中，指数中股票的自动买卖盘占据十分重要的地位，SEC认为：设立买卖一篮子股票的做市商或许可以解决这个问题。监管方于是公开邀请投资行业据此创造新产品。

1993年1月22日，道富集团发行了追踪标普500指数的新产品SPDR S&P 500 Trust（SPY），这就是全球首只ETF。

国内的第一只ETF是2005年在上交所上市交易的上证50ETF。2018年是ETF的爆发年，A股大盘指数全年震荡下跌，但ETF却交出了一份完美的答卷，如图2-2所示。

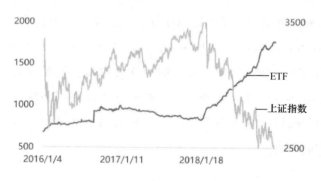

图2-2　2018年大盘和ETF的走势图

2019年，ETF销售延续火爆，同年6月，各基金公司分别发布降低费率的公告。

华泰柏瑞中证500ETF（512510）及联接基金，华泰柏瑞MSCI国际通ETF（512520）及联接基金公告降低管理费和托管费，总费率由0.6%降低至0.2%，调整后费率处于市场同类产品中最低水平。（管理费年费率由0.50%降低至0.15%，托管费年费率由 0.10% 降低至 0.05%）。绿巨人组合持有的所有 ETF 产品代买卖交易费率降低至 0.022%，同为全市场领先水平。

ETF 的诸多优点，使它成了年轻人的最爱。美国规模最大的上市投资管理集团贝莱德发布的报告显示：在 1984—1995 年出生的新生代受访者中，有 42% 的人持有 ETF，而在前一年，这一比例只有 33%，且未来一年有配置 ETF 新资产意愿的比例也从前一年的 70% 上升到 85%。同时，女性申购 ETF 的比例已经达到 30%。

三、国内 ETF 产品种类

目前国内 ETF 产品根据资产类别有以下四类。

1. 股票型 ETF

股票型 ETF 投资标的是股票，兼具基金和股票的特点，因为费用低廉、方便快捷，非常受投资者欢迎。

2. 债券型 ETF

债券型 ETF 跟踪的是债券指数，债券包括上交所或银行间债券市场的利率债和信用债。

3. 黄金 ETF

黄金 ETF 跟踪的是黄金现货价格的商品，主要是上海黄金交易所挂牌交易的纯度高于（含）99.95%的黄金现货合约。如黄金基金（518800），几乎100%持仓，紧密跟踪Au9999（黄金9999）的价格变化。

4. 货币型ETF

货币型ETF也被称为"交易型货币市场基金"，是一种货币市场基金，定位为场内保证金现金管理工具，可以参与一级、二级市场买卖。货币型ETF产品适合闲散资金投资。

目前，ETF是海内外最受欢迎的基金品种之一。ETF在国际上的成熟发展，必将带动国内金融市场的成长和发展。

第五节　什么是分级基金?

理财入门都是从流动性高、收益稳定的工具开始，比如存款、短期债券等。如果想要提高一点收益率，还可以选长期债券或者分级基金（A类）。

一、什么是分级基金

分级基金（Structured Fund），又叫"结构型基金"，是指在一个投资组合下，通过对基金收益或净资产的分解，形成两级（或多级）风险收益表现有一定差异化基金份额的基金品种。

简单说，就是把一个普通的基金产品拆分为A、B两类：A

类满足的是刚刚入门、注重安全的投资者，B 类满足的则是熟练掌握投资技巧、追求高收益的投资者。被拆分的基金就叫母基金。基金公司会按预先约定的额度优先支付 A 类投资者，因此，A 类份额也被称为优先级份额。B 类基金具有一定的风险性。

拆分的母基金净值 = A 类子基净值 × A 份额占比％ +
B 类子基净值 × B 份额占比％

它其实使用的是杠杆原理。即平台帮 B 类投资者借了 A 类投资者的基金来投资。初始杠杆，由基金最初份额配比决定。即：

初始杠杆 =（A 类份额数量 + B 类份额数量）/B 类份额数量。

二、 分级基金的历史

如图 2-3 所示，是分级基金 A 类基金份额的历史数据。

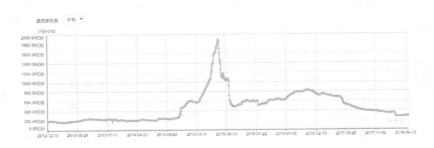

图 2-3　分级基金 A 类基金份额数据

1. 诞生

2007 年，第一只分级基金（主动投资型）——国投瑞银瑞福分级基金诞生。A 类为瑞福优先，B 类为瑞福进取。

首发规模 60 亿份，起初，分级基金是封闭式的，封闭期是五年，A∶B 为 1∶9。B 份额上市交易，A 份额在银行端销售，每年开放一次。由于 B 份额的杠杆性，B 份额似乎一直溢价交易，首发买 B 份额的投资者就赚到钱了。

2. 第二只

2009 年，长盛基金如法炮制，推出长盛同庆，封闭期是三年，机制为申购母基金按 4∶6 的比例分拆为 A 份额与 B 份额。

营销策略：B 份额溢价、A 份额平价，申购必有套利空间。营销策略非常成功，基金公司的销售目标本为 60 亿份，结果销售了 150 亿份，这些投资者都为套利而来。

结果，B 份额上市首日 90 亿份争相套利，但是接盘力量不足。打着套利算盘的持有人改玩"跑得快"了，导致 B 份额上市首日跌停，次日继续下跌。这种状况一度使投资者很受伤。

这时，主动管理型分级的问题暴露出来：原本 B 份额具有 1.67 倍杠杆，结果源于产品选股与仓位不足问题，导致 B 份额的实际杠杆不足 1.2，长盛同庆 B 不得不折价交易。自此，分级基金进入暗淡期。

同期，为了避免分级基金的整体折价，国投瑞银基金提出了

A、B 合并为母基金赎回的机制，国投瑞银发行了开放式的瑞和沪深 300 指数分级基金，成为第一只可以子母基金配对转换[一]的 LOF 指数型盈利分级模式分级基金。

但受长盛同庆的阴影影响，瑞和的收益分配制度有些畸形：具体为一年期内，指数涨幅 10% 以内的 80% 收益归 A 类，20% 归 B 类；超过 10% 的部分，20% 归 A 类、80% 归 B 类；如果下跌，A、B 同跌……瑞和的发行并不成功。但是，配对转换机制为未来的分级基金留下宝贵的经验。

3. 分级基金结构成型

2010 年，基金公司吸取长盛同庆主动管理型分级基金的教训，借鉴配对转换机制的经验，继续分级基金的探索，国联安基金推出跟踪中证 100 指数的国联安双禧分级基金（A：B 为 6：4）、申万菱信推出深成指分级（A：B 为 5：5）、银华基金推出深证 100 分级（A：B 为 5：5）。根据后来的经验，投资者更喜好高杠杆、高弹性[二]的 B 份额。

对比三个指数，中证 100 指数的弹性不足，深证 100 指数具

[一] 分级基金配对转换：是指分级基金的母份额与子份额之间可以按约定的规则进行相互转换，包括分拆和合并。分拆是指申购分级基金的母份额，并在场内发起分拆指令，将母份额按规定比例分拆成子份额。合并是指在场内按规定比例买入子份额，并发起合并指令，将子份额合并为母份额。

[二] 高弹性：投资领域有一种说法，高弹性即是高贝塔（β）。贝塔值，就是个股相对整个市场而言的波动幅度。高贝塔的品种波动幅度大于整个市场，投资高贝塔产品更容易获得超额预期年化收益。尤其在基金定投中，配置标的贝塔值较高，投资预期年化收益也更丰厚。

有优势，同时配合 2010 年的四万亿元的市场行情，B 份额的威力展现，银华深证 100 指数分级基金大受欢迎，银华基金逐渐取代了长盛基金融资型分级基金的霸主地位。银华之后相继推出等权 90 分级、银华消费分级股票、银华中证内地资源指数分级。

4. 分级基金在闪电熊中暴跌

2015 年，有越来越多人开始熟知分级基金的事情，分级基金规模从 1000 亿元上涨到 6000 亿元（场内＋场外），并回落到场内 1000 多亿元……无数的新入市的投资者，股票账户中出现的第一个代码不再是股票而是分级 B，在股市下跌中，分级 B 下跌更快。

5.《分级基金业务管理指引》发布

2016 年，国债收益率一路下滑，10 年期国债收益率不到 2.5%，保利地产三年期债券利率 2.95%……各路资金开始争抢分级 A，加之 A 股市场的醉生梦死，分级 B 行情渐差。当初分级 B 溢价都是 20% 以上，现在变为了折价 20% 以上，证明了市场能比监管层的"紧箍咒"更好地解决一切。

两市交易所分别发布了《分级基金业务管理指引》，分级基金投资者门槛变成 30 万元，且需要到营业部临柜面签。分级 B 的交易量瞬间萎缩。

6.《关于规范金融机构资产管理业务的指导意见》发布

2018 年，央行发布《关于规范金融机构资产管理业务的指导意见》，其中明确规定：公募产品和开放式私募产品不得进行份额分级。

综上所述，"存在必有存在的价值，消亡必有消亡的理由"，这句话适用所有投资者、机构和监管层。金融创新与金融监管的关系是一种相互促进的螺旋上升关系，金融创新之后总会伴随着金融监管，金融监管之后又是金融创新，如此交替往复地循环。

第六节 "场内"交易型基金的发展历程

所谓场内指数基金，即在交易所上市交易的指数基金，因此，又叫交易型基金。若问哪类基金品类多且交易活跃的，则非场内基金莫属。

场内基金，俗称 ETF、LOF 基金，具体包括传统封闭式基金、宽基指数与行业指数 ETF/LOF 基金、分级基金（LOF）、货币 ETF、定增基金（定向增发投资的基金），还有鹏华前海与嘉实元和等特殊类型的产品。

交易型基金市场聚集了 A 股市场最聪明的玩家，产品之间的竞争也是王朝更替。

一、1998 年，封闭式基金启航

国内最早的基金是在 1998 年成立的，最早的公募基金是封闭式基金，第一批封闭式基金为南方基金公司的基金开元、国泰

基金公司的基金金泰,这些基金采用一次募集封闭运作并且上市交易的模式,封闭期通常为10~15年。

按常理,封闭式基金通常都是折价的,但是在中国市场,封闭式基金早期都是溢价交易的,净值1.0元的基金,交易价格可能高达1.2元甚至更高,当然后来封闭式基金折价最高也超过30%……如图2-4所示,是基金开元在1998年4—5月份的价格走势图。

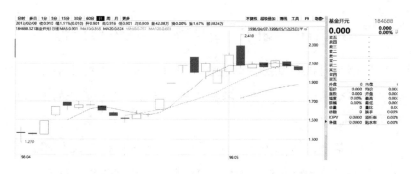

图2-4 基金开元1998年4—5月的K线图

我们熟知的(每个交易日按净值申购赎回的)开放式基金直到2001年9月份才出现,它就是华安创新混合基金。货币基金出现得更晚,2003年12月31日,第一只货币基金——华安现金富利诞生。

二、2004年,50ETF启航

上证50指数(000016)基日为2003年12月31日,基点为

1000点。50ETF在2004年1月2日正式发布,并于上海证券交易所上市交易。50ETF的投资目标是紧密跟踪上证50指数,最小化跟踪偏离度和跟踪误差,追求实现与上证50指数类似的风险与收益特征。

在50ETF之后,影响力较大的ETF有深100ETF、上证180ETF。之后沪深300股指期货推出,但是还没有相应的300ETF作为工具进行套利投资。当然,深100ETF、上证180ETF按一定权重混合起来,可以近似复制沪深300指数走势。图2-5是ETF从2004年开始到2016年的规模(规模=份额数量×净值)走势图。

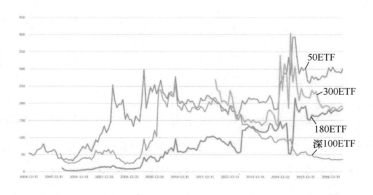

图2-5　ETF(2004—2016年)规模

沪深300ETF推出缓慢的主要原因是300ETF的成分股跨两个交易所(沪市、深市),产品的推出涉及两个交易所与两家登记公司。沪深300ETF申购在沪市使用股票,在深市使用现金,这种ETF模式俗称"跨市场ETF模式"。

三、2007年，分级基金降生

2007—2010年，从第一只分级基金国投瑞银瑞福分级基金到银华深100分级，在三年多的时间中分级基金的基本架构才稳定下来，也为后来的转债分级、QDII分级、行业分级、主题分级奠定了基础。标的之所以使用降生而非启航，也意味着分级基金在所有金融产品创新中的非凡意义。

在中国金融产品创新的历史上，分级基金差不多是涉及公司最多、人数最多的，当然也是倾注从业者与投资者最多心力的金融产品。

四、2013年，货币ETF启航

华宝添益（511880）与银华日利（511990）是最初的两只货币ETF，其中，华宝添益最先（2012年年底）成立与上市，图2-6是这两只货币ETF在2013—2018年的份额变化图。

起初市场上货币ETF并不多，但是在2015年下半年，华宝添益的规模从几百亿直接上升至2700亿，使货币ETF成为继余额宝之后对基金公司诱惑最大的产品。随后，Top 20的基金公司差不多都开始做货币ETF，但规模如过山车一样大起大落，尤其赶上2016年之后的去杠杆，市场利率高企，规模都被套利者"薅"走了，最后只剩下华宝与银华继续坚守。

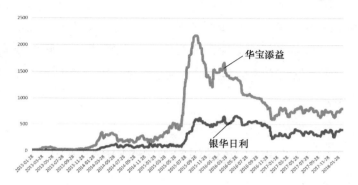

图 2-6　华宝添益、银华日利货币 ETF 在 2013—2018 年年份额变化图

五、2015 年，行业 ETF 启航

2015 年以前，ETF 推出的都是单交易所产品。比如一只医药行业 ETF，只含在上海上市的医药股票。在沪深 300ETF 完成了跨市场模式之后，中证全指行业 ETF 等相继推出，例如证券 ETF（512880）、军工 ETF（512660）。

这标志着行业 ETF 启航，但直到 2016 年才得到积极推行。为什么呢？

有两个原因：一是分级基金投资适当性与退市标准相继推出，为分级基金的命运增添了许多的不确定性，而且不能新发行分级基金；二是 FOF 推出，投资者更看好配置型 FOF，各种指数基金的需求更大。因此，市场上相继出现了军工基金、军工行业，相同的行业 ETF 相继而来。

如今，场内交易型基金品种越来越繁多，创新层出不穷，交易操作越来越便捷，交易网络越来越稳定，交易价格越来越透明，交易成本越来越低廉，成为机构和投资者最青睐的投资产品。未来，场内交易型基金对基金市场格局的变化起着举足轻重的作用。

第七节　投资指数基金的相关费用

华尔街专业投资者伯顿·马尔基尔在《漫步华尔街》中写过这样一句话："你不能控制市场，但你可以控制你支付的手续费。"普通投资者常会遇到各种让人眼花缭乱的费用，如申购费、赎回费、销售服务费、审计费、托管费、信息披露费、管理费以及交易佣金、印花税……那么，投资指数基金到底会有哪些相关费用呢？

指数基金费用可分为以下两类。

一、运作费

运作费包括管理费、托管费和指数授权费。基金公司每日公告中的净值是扣除运作费之后的数值，因此，很多人都不知道自己支付了这笔费用。

1. 管理费

管理费，是指基金公司收取的管理基金产品的费用，是基金公司收入的来源。指数基金一般管理费率为0.5%,分级指数基金的管理费率为1.0%,指数增强基金的则在1.0%~1.5%。

2. 托管费

托管费,是指基金的资金都由第三方托管,一般为银行,银行会向基金公司收取托管费。普通的指数基金的托管费率为0.1%,分级指数基金的托管费率一般为0.2%。

3. 指数授权费

指数授权费也叫指数使用费,基金公司会向指数所有人(一般为指数编制公司)支付指数使用费,还要签订指数使用许可合约。指数使用费一般为万分之二,ETF为万分之三。增强型指数费率会打八折,为0.016%。

二、交易费

交易费包括申购赎回费和销售服务费。

1. 申购赎回费

申购费是交给销售渠道的费用,如银行、第三方销售平台,费用的高低跟渠道挂钩,指数股票型基金的申购费率一般为1.0%~1.2%。混合型基金申购费率通常也为1.0%。场外基金都是申购获得,申购费为0.6%~1.5%,现在一些基金公司打一折，为 0.06%~0.15%。

赎回费是指赎回基金的费用。基金公司非常希望投资者能长期投资，短期赎回会对基金和其他未赎回的基金投资者造成影响，因此会设定赎回费。它和持有时间长短有关，一般一年内为 0.5%，超过两年，不再交赎回费。这也是一项隐形费用，特别是做 FOF 投资时，赎回费成本非常高。

当然，如果选择了同一家基金公司，就可以通过基金转换减免赎回费。

2. 销售服务费

从 2016 年 7 月份起，很多基金公司推出了除了 A、B 之外的份额类型——基金 C 份额。什么是基金份额呢？基金公司给出的定义为：基金发起人向投资者公开发行的、表示持有人按其所持份额对基金财产享有收益分配权、清算后剩余财产取得权和其他相关权利，并承担相应义务的凭证。在分级基金里，有 A 类和 B 类份额，这就是一种份额分类。

基金 C 份额的最大特点是零申购费，持有基金超过 7 天（也有的是 30 天），就可以零费用赎回，但 7 天内赎回收取惩罚性赎回费 1.5%，C 份额需要按日计提销售服务费。

根据证监会发布的《开放式证券投资基金销售费用管理规定》：收取销售服务费的，对持续持有期少于 30 日的投资人收取占比不低于 0.5% 的赎回费，并将赎回费全部计入基金财产；不收取销售服务费的，对持续持有期少于 7 日的投资人收取不低于

1.5%的赎回费;对持续持有期少于30日的投资人收取不低于0.75%的赎回费,并将赎回费全额计入基金财产;对持续持有期少于3个月的投资人收取不低于0.5%的赎回费,并将不低于赎回费总额的75%计入基金财产;对持续持有期长于3个月但少于6个月的投资人收取不低于0.5%的赎回费,并将不低于赎回费总额的50%计入基金财产;对持续持有期长于6个月的投资人,应当将不低于赎回费总额的25%计入基金财产。

另外,从投资者购买指数基金渠道角度而言,银行渠道费用是认购/申购费折扣为6折到不打折,电商渠道认购/申购费基本是1折。ETF指数基金当然是通过证券账户在交易所购买,目前市场平均基金交易佣金为万分之一点五。

3. 指数基金的性价比

在指数基金中,费用的性价比为:ETF > 普通指数基金 > 指数基金(Smart Beta)⊖。

ETF交易费用指标(0.04~0.64):基本采用一篮子股票申购赎回的模式,在此基础上基金运作方面基本没有交易费用产生,但是出现成分股由现金替代的时候,将产生交易费用。

例如沪深300ETF、中证500ETF等,还有就是标的指数成分股调整的时候涉及股票仓位调整产生交易费用。从逻辑上而言,单市场ETF的基金费用指标要低于跨市场基金费用指标。

⊖ Smart Beta:是为指数投资服务的策略,非传统市值加权的宽基指数以及行业指数都可以视为Smart Beta指数。ETF就是根据Smart Beta指数编制的。

普通指数基金交易费用指标（0.10~1.08）：除指数成分股调整外，普通指数基金通过现金申购赎回，将导致更多的交易费用产生。

大数据指数基金交易费用指标（1.66~2.67）：相比传统指数一年两次调整的频率，大数据指数（Smart Beta 类指数）的调整频率为传统指数的 6 倍左右，基本是一年 12 次调整或者更加频繁，将导致交易费用成本提高。假设大数据指数的管理费率是 0.6%，则交易费率为 1.6%，如果大数据指数能跑赢传统指数 2% 的话，多花一些交易费用还是非常值得的。

三、其他费用

印花税是针对股票来说的，场内基金和场外基金不需要交印花税。

基金公司还有其他的费用产生，如基金审计费，一般为一年 8 万~10 万元，信息披露费用 10 万~15 万元，上市交易费 5 万元左右。这些费用都是固定的，合计下来一年约 30 万~40 万元。虽然不向投资者收取，但对投资者依然具有一定的影响，如果基金规模较大，这个费用可以忽略不计，但迷你型基金的这部分费用占到了净值的 1%，就会对基金造成非常大的影响，以至于影响投资收益。

总之，选择大型的、知名度高的基金公司来做指数投资最有优势，因为大基金团队实力强、运作好，基金经理经验丰富，指数的跟踪误差更小，而且产品线齐全，能方便地进行基金转换，降低费用，提高收益。

第八节 普通投资者理财工具进化史

1950年，美国普通个人投资者持股比例曾高达94%，到1980年个人投资者持股比例只剩下63%，到2017年，这个数字是30%，到2019年年中，个人持股比例只剩下6%左右。为什么会产生这样的变化？这些普通投资者都去了哪里？为了探寻这个问题，需要了解一下普通投资者的理财工具进化史。

一、1980年之前股票交易为主

我们都看过电影《华尔街之狼》，莱昂纳多主演的股票经纪人的主要工作就是通过电话向客户推荐股票，并且帮助客户下单赚取佣金。电影中的股票经纪人过着十分奢靡的生活，当然他们的主要收入来源于客户的佣金，还可能有内幕交易。在那个时代股票交易的佣金大约为1%~2%。经纪人通过卓越的口才让客户频繁交易，方可获取更多的佣金收入（佣金收入 = 佣金费率 × 交易次数 × 交易金额）。

如同中国股票市场一样，在1980年之前美国股票市场90%的普通个人投资者也都是亏钱的，但是期间股票市场指数还是上涨的。普通个人投资者亏钱的主要原因，就是交易费用远远高于股票收益，而且在股票研究方面，普通个人投资者又没有什么信息优势。股票交易者忍不住每天要追涨杀跌，不仅我们内心有交易的冲动，而且漫天的股评家、分析师、投资大V天天用各种方式促使我们交易，以赚取佣金维护整个证券市场的运作。

二、2000年之前购买主动基金为主

美国主动基金历史上最著名的共同基金经理非彼得·林奇莫属。彼得·林奇的基金经理职业生涯为1977年至1990年，这个时期明星主动基金业绩大幅超越市场指数。

彼得·林奇在人们的眼中，就是财富的化身，所有股民将他说的每一句话奉为宝典，他手上的基金在当时是有史以来最赚钱的。如果你在1977年投资100美元该基金，在1990年取出，13年时间就能增值26.39倍，变成2739美元。

投资收益分为贝塔收益与阿尔法收益，简单点说，贝塔收益是市场赋予的，阿尔法收益是靠投资能力获取的。主动基金赚取的是市场超额收益，俗称阿尔法。市场中所有的交易者都追求阿尔法，但是追求阿尔法是一个（扣除费用之后）零和博弈。有人的阿尔法是正的，就有人是负的，而且负阿尔法大于正阿尔法，因为：正阿尔法 = |abs|[①]（负阿尔法的绝对值）- 交易费用。

[①] 一种证券化融资模式，这里是指所有获得负阿尔法投资者的收益值。

三、2000 年以来指数基金为主

持续贡献负阿尔法的投资者，如果转投指数基金获取贝塔收益，也就意味着市场中正阿尔法来源的减少。

先锋集团著名的指数和定量基金经理迈克尔·布克说："指数化投资理念基于投资者不可能都战胜市场，因为他们就是市场。"他在 2005—2016 年担任标普 500 指数的组合经理。"主动管理收益显著被成本所侵蚀，因此投资者通过指数化投资以低成本享有市场收益，可以成功战胜主动管理基金，这是永恒的理论。"（摘自《标普 500 指数基金成立 40 周年，低费率与被动投资开始的地方》）

2007—2016 年间，投资者持续赎回主动管理基金，申购指数基金（ETF 与指数共同基金），每年都有大量资金从主动管理基金流入指数基金，而且这个趋势丝毫没有减弱，流速从 2007 年每年不足百亿美元快速增长到 2016 年的上千亿美元。

指数基金目的是以低成本获取市场贝塔，指数基金的成功，本质上是低成本投资技术的成功。美国市场的指数基金（含 ETF）的管理费率基本为 4BP 左右（万分之四），相比国内目前 0.5%（管理费+托管费）而言还节约了 90% 的成本，估计未来中国的指数基金费率还会继续降低。

巴菲特称，几乎可以肯定的是，在美国的业务以及一篮子的股票会在未来几年内更有价值，很可能对冲基金投资者会继续感到失望。长远来看，预计只有大概 10 个行业能"跑赢"标普 500 指数，大型和小型投资者都应该坚持投资低成本指数基金。

在这个时代，基本没有什么著名的共同基金经理了，取而代之的是指数基金与指数基金公司。根据标普指数公司统计：在最近五年，无论大盘基金、小盘基金业绩，90% 跑不过相对应的指数基金。

贝莱德（Black Rock）成立于 20 世纪 80 年代，截至 2016 年年底，其资金管理规模已经超越 5 万亿美元。先锋集团（Vanguard），第一只标普 500 指数基金创立者，截至 2016 年其资金管理规模已经超越 4.2 万亿美元，这两家公司都是以指数基金与 ETF 基金为旗舰产品的资产管理公司。

美国指数基金（含 ETF）规模占整个行业的规模为 35%，但是美国规模排前三的基金公司都是以指数基金闻名遐迩的贝莱德、先锋集团、道富集团，说明指数基金竞争势必比主动基金还要惨烈！

四、 美国 9400 万个人投资者持有公募基金总规模的 89%

2017 年，中国史上首发规模最大的公募基金成立，总规模高达 909 亿元，有 223 户认购，平均每户达 4 亿元。似乎随着委外市场的崛起，中国基金市场变为机构客户主导，或许我们还认为，这个趋势是正确的。因为知道美国股市是以机构为主的市场，所以想当然地认为美国基金市场应该也是机构客户为主。国内基金持有人结构,不也在朝机构化发展吗?这是市场成熟的必然趋势?

有人重新仔细阅读了 ICI 2016 年的美国基金业年鉴,结果发现:美国公募基金规模 16 万亿美元,占全球公募基金总规模的 48%,并且 9400 万个人投资者持有公募基金总规模的 89%。如果剔除货币基金,只考虑长期基金资产,其零售客户比重达到 95%。机构客户持有公募基金的 11%,其中 62% 是货币基金。显然,美国基金市场并非以机构客户为主。

投资日志:指数基金规模统计(2018 年年中版)

截至 2018 年 6 月 30 日,剔除联接基金、分级基金子份额与债券指数基金,指数基金总数量为 606 只,合计规模为 4716.9 亿元(数据来源 Wind)。

一、头部指数基金

按规模排序,最大的 30 只指数基金为如表 2-2 所示。

表 2-2 指数基金 Top 30(2018 年年中)

序号	代码	基金名称	规模(亿元)
1	510050.OF	华夏上证 50ETF	340.61
2	510500.OF	南方中证 500ETF	242.13
3	510300.OF	华泰柏瑞沪深 300ETF	223.96
4	510330.OF	华夏沪深 300ETF	176.38

（续）

序号	代码	基金名称	规模（亿元）
5	510180.OF	华安上证180ETF	173.17
6	159919.OF	嘉实沪深300ETF	161.44
7	159915.OF	易方达创业板ETF	129.96
8	110003.OF	易方达上证50指数A	107.35
9	161024.OF	富国中证军工指数分级	96.03
10	510900.OF	易方达恒生国企ETF	95.37
11	510810.OF	汇添富中证上海国企ETF	86.84
12	159937.OF	博时黄金ETF	81.46
13	161026.OF	富国中证国有企业改革指数分级	76.40
14	160630.OF	鹏华中证国防指数分级	74.96
15	000311.OF	景顺长城沪深300指数增强	74.16
16	161022.OF	富国创业板指数分级	72.99
17	159949.OF	华安创业板50ETF	56.40
18	161604.OF	融通深证100指数A/B	55.68
19	050002.OF	博时沪深300指数A	55.54
20	161725.OF	招商中证白酒指数分级	54.12
21	518880.OF	华安黄金易ETF	50.81
22	163113.OF	申万菱信中证申万证券分级	49.41
23	161027.OF	富国中证全指证券公司指数分级	46.05
24	510390.OF	平安沪深300ETF	45.06
25	161831.OF	银华恒生国企指数分级	39.38
26	510310.OF	易方达沪深300发起式ETF	38.61
27	159920.OF	华夏恒生ETF	38.53
28	510820.OF	上证上海改革发展主题ETF	38.50
29	100038.OF	富国沪深300指数增强	36.45
30	001113.OF	南方大数据100A	35.74

1. 上证 50 指数基金

上证 50ETF 仍然为最大的指数基金,规模相比 2018 年年初略微减少,主要因指数下跌导致。易方达的上证 50 指数增强基金规模也突破 100 亿元大关,更令人感叹的是其稳健的超额收益。

从 2016 年年初到 2018 年 6 月份,易方达的上证 50 指数 A (110003) 相对华夏上证 50ETF (510050) 的超额收益为 14% 左右 (见图 2-7)。

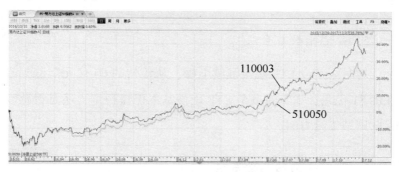

图 2-7 110003 和 510050 的走势图

2. 中证 500 指数基金

南方中证 500ETF 规模逆势上涨,从年初的 180 亿元左右增长到 240 亿元,净增 60 亿元的规模,而且是在指数下跌的情况下。中证 500 指数 PE/PB⊖达到历史底部。

⊖ PE/PB:DCF 模型的简化版,在"如何分析指数?"一节有介绍。

3. 创业板指数基金

创业板指数也是投资者抄底的主要标的指数，例如易方达创业板 ETF 规模近 130 亿元，华安创业板 50ETF 规模为 56 亿元。

4. 指数增强基金

指数增强基金持续被追捧，景顺长城的沪深 300 增强的规模为 74 亿元，博时的沪深 300 增强规模为 55 亿元，都是不错的规模。

5. 黄金指数基金

博时的黄金 ETF 规模继续上涨，从年初的 60 亿元上涨到现在的 81 亿元，华安的黄金 ETF 规模基本保持稳定，还是得感叹互联网销售给力啊。

6. 百亿级别的指数基金

百亿级别的指数基金有 10 只，易方达有三只，分别为创业板 ETF、上证 50 指数 A，还有绿巨人重仓的 H 股 ETF。

7. 规模最大的行业指数基金

规模最大的行业指数基金为军工、证券、白酒以及国企改革。

前 30 只指数基金合计规模为 2853.5 亿元，占总规模 4716.9

亿元的60%，指数基金唯有追求规模，上百亿元的规模是大多数指数基金的梦想！

二、头部指数产品供应商

计算每家基金公司旗下的指数基金合计规模，我们可以得出头部指数产品供应商，如表2-3、表2-4所示。

表2-3　2018年2月头部指数供应商

序号	基金公司	指数规模（合计）
1	华夏基金	708
2	富国基金	436
3	易方达基金	422
4	华安基金	321
5	南方基金	300
6	嘉实基金	231
7	华泰柏瑞基金	221
8	汇添富基金	208
9	鹏华基金	198
10	招商基金	167
11	博时基金	162
12	国泰基金	161
13	申万菱信基金	121
14	广发基金	118
15	银华基金	105

(续)

序号	基金公司	指数规模（合计）
16	融通基金	95
17	华宝基金	82
18	兴业基金	80
19	景顺长城基金	76
20	前海开源基金	72

表2-4 2018年6月头部指数供应商

序号	基金公司	指数规模（合计）
1	华夏基金	626.18
2	易方达基金	509.78
3	富国基金	439.13
4	南方基金	343.08
5	华安基金	339.99
6	华泰柏瑞基金	253.89
7	嘉实基金	204.95
8	博时基金	187.46
9	汇添富基金	186.21
10	鹏华基金	166.55
11	国泰基金	152.06
12	招商基金	146.75
13	广发基金	119.17
14	申万菱信基金	116.07
15	景顺长城基金	98.48
16	银华基金	98.32

(续)

序　号	基金公司	指数规模（合计）
17	华宝基金	90.79
18	融通基金	75.44
19	建信基金	73.42
20	平安大华基金	69.94
21	天弘基金	66.91

与 2018 年年初相比，易方达与南方的名次分别上升一名，富国与华安的名次分别下降一名。其他变化较快的就是景顺长城从年初的第 19 名上升到第 15 名。

三、MSCI 指数基金专题统计

2018 年最热的指数基金就是 MSCI 中国 A 股国际通指数基金，其规模统计如表 2-5 所示。

表 2-5　2018 年年中 MSCI 中国股国际通指数基金的规模统计

代　码	基金名称	规模（亿元）
005761.OF	招商 MSCI 中国 A 股国际通 A	29.64
040002.OF	华安中国 A 股增强指数	21.09
512280.OF	景顺 MSCI 中国 A 股 ETF	13.15
512180.OF	建信 MSCI 中国 A 股国际通 ETF	12.97
512090.OF	易方达 MSCI 中国 A 股国际通 ETF	10.13
512520.OF	华泰 MSCI 中国 A 股国际通 ETF	9.01
512160.OF	南方 MSCI 中国 A 股国际通 ETF	8.10

（续）

代 码	基 金 名 称	规模（亿元）
005762.OF	招商 MSCI 中国 A 股国际通 C	5.93
512990.OF	华夏 MSCI A 股国际通 ETF	5.71
512360.OF	平安 MSCI 中国 A 股国际 ETF	3.14
512390.OF	平安 MSCI 中国 A 股 ETF	1.89
005567.OF	创金合信 MSCI 中国 A 股 A	0.70
005568.OF	创金合信 MSCI 中国 A 股 C	0.16

通过上面的数据可以看出，2018 年是指数基金的爆发年，指数基金的发展受先发优势和基金公司实力的影响，2018 年年底，有更多的基金公司开始布局指数基金，2019 年，将是指数基金的丰收年。

第三章
投资指数基金的必备能力

指数基金是被动跟踪基金,学起来简单、操作容易。然而面对纷繁芜杂的市场,投资者依然会感到茫然。这就需要学习一些指数基金投资的必备能力,比如,怎样分析指数,如何计算定投年复合收益率,当下指数基金的市场基本行情等。然后在此基础上逐渐提升投资技能,掌握指数基金的投资技巧,提高实战操作能力。

第一节　如何分析指数？

分析指数其实就是分析指数的估值贵不贵的问题，判断指数价值到底是多少。

一、基本面分析、技术分析、价值投资

1. 基本面分析

基本面分析主要涉及宏观经济状况、利率水平、通货膨胀、企业素质和政治因素，通过对这些因素分析来判断市场未来走势。

宏观经济状况：国家经济发展水平和经济景气状况，能直接影响股票市场的走势；反过来，股票市场的走势和变化也反映了国家宏观经济的变化。

利率水平：利率的变化通过影响企业的经营成本而影响利润，在股市上也使股价有所涨跌。

通货膨胀：有时候通货膨胀会刺激市场，有时又压抑市场，但总体来说，通货膨胀使股市的泡沫成分放大。

企业素质：企业本身的内在素质直接影响个股股价的高低。这些影响因素包括企业的财务状况、经营情况、管理水平、技术能力、市场份额大小、企业所在行业特点、企业的发展潜力等。

政治因素：比如中美贸易摩擦，对股市就产生了极大的影响。

基本面分析多是从实体经济方面来判断股指的变化趋势。即股票后面的企业和股市之间是联动关系，全部企业的增长（实体经济的增长）会推动股市的增长，股市增长反过来也带动了实体经济的增长。两相作用，推动社会经济的发展。

2. 技术分析

技术分析，是以股票的成交量、价格，以及达到某一价格和成交量所用的时间、价格波动空间等市场信息为对象，通过常用的技术进行分析，以判断市场趋势，并据此做出交易决策。常用的技术分析法有 K 线图、波浪理论、形态理论、趋势线理论和技术指标分析。

K 线图，也叫阴阳线图表，是预测股市短期行情走势的重要指标（见图 3-1）。

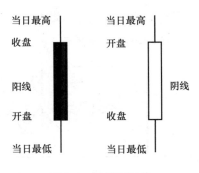

图 3-1　K 线图示意

波浪理论：美国证券分析家艾略特在研究道琼斯工业平均指数时发现，市场走势是由13种形态（波浪）的反复出现组成的，每一周期由5个上升波浪和3个下跌波浪共8个波浪构成（见图3-2）。

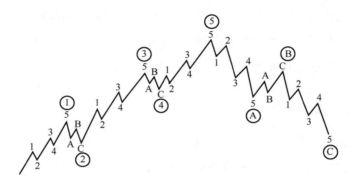

图3-2　波浪理论图

形态理论：通过分析市场横向运动所形成的各种价格形态，再配合成交量的变化，来推断市场现存的趋势是会持续还是反转。

趋势线理论：两个或两个以上的价位点的连线就是趋势线，在上升行情中低价点位的连线，叫上升趋势线，在下跌行情中高价点位的连线，叫下跌趋势线（见图3-3）。

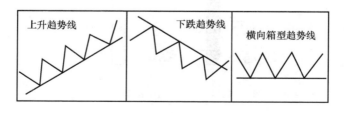

图3-3　趋势线图

技术指标：泛指一切通过数学公式计算得出的股价数据的集合。

3. 价值分析

根据格雷厄姆的价值投资理论，以价值为依据，分析指数的价位，不仅能判断股票指数的走势，还能判断指数涨跌的空间大小，能把握资产的价值定位。这是指数分析的灵魂。

具体来说，先判断大盘走势，判断更赚钱的行业（行业指数上涨更快的行业，如医药行业和必需消费行业），然后再判断该行业内哪些企业的股票更有价值、更有成长的空间，据此做决策。

二、指数估值的常见指标

1. 市盈率

市盈率（PE），市盈率 = 公司市值/公司盈利（PE = P/E，其中 P 代表公司市值，市值代表买下公司理论上需要的资金量，E 代表公司盈利）。

PE 是市场给出的盈利预期，反映的是我们愿意为获取 1 元净利润付出的代价。如某公司市盈率为 6，意思是我们为这家公司的 1 元钱盈利愿意付 6 元钱。

一般来说，利润增速越高，企业的市盈率也相对越高。同理，指数的市盈率越低，越容易被低估，未来的成长性也就相对越高。

盈利越稳定、流通性越好的品种，价格波动与市盈率的关系就越大。大部分宽基指数，如沪深300、上证50、中证500，盈利都比成分个股稳定，因此，适合用市盈率来衡量价值高低。

2. 盈利收益率

盈利收益率 = 公司盈利/市值，即 = E/P，它是市盈率的倒数，它代表的是买下公司一年后，公司带来的一年收益率。

3. PE百分位

将一定时期内某指数的PE估值从小到大排列，用估值历史百分位可以判断当下指数市盈率是否处于低位，即把历史市盈率从小到大排序，看当下市盈率所处的位置。一般来说，数值越小，位置越靠前，指数估值越低。

根据PE的分位位，可以将其划为七个档（如表3-1所示，这种分法并不绝对）。

表3-1 PE百分位的七个档位

估值状态	PE百分位
极度低估	<10%
低估	10%~20%
正常偏低	20%~40%
正常	40%~60%
正常偏高	60%~80%
高估	80%~90%
极度高估	>90%

4. 市净率

市净率（PB），市净率=公司市值/净资产（PB = P/B，其中 P 代表公司市值，B 代表公司净资产。净资产即全体股东共同享有的权益，资产－负债＝全体股东共同享有的权益）。

指数的资产价值比较稳定，就可以用 PB 来估值，如茅台，随着时间的延长，公司净资产会不断增加，再如，有优秀业绩的证券公司。

5. 净资产收益率

净资产收益率（ROE），是资产运作效率指标，它代表的是持有股票的长期收益，等于该公司的净利润除以净资产。同样的资产，有些企业能运做出更高的利润，有些则不能。因此，这是判断企业运营状态非常重要的指标之一。ROE 越高，企业资产运作效率越高，市净率也就越高。

6. 股息率

股息率代表的是股票分红，用现金分红除以公司市值得出的结果就是股息率。企业股权资产持有者在不卖出股权的情况下，也能获利于企业业绩增长，就是因为股票有分红。股息率越高说明分红越高。如果选取红利类指数，就可以参考股息率来估值指标。

7. PE/PB

DCF（Discounted Cash Flow，译为"现金流折现"）模型，是最重要也是最全面的金融估值模型，专业机构及分析师都喜欢使用这个工具。它是把企业未来多年的自由现金流折算成企业当前价值，然后与当前股价比较，看看是否被低估，再决定是否买入。

而 PE/PB 是 DCF 模型的简化版，是用净利润代替了自由现金流，虽然少了公司经营质量方面的一些信息，但同样可以作为估值的重要工具。

指数估值指标繁多，具体使用哪种指标，还要看指标的类型。总之，选取指标的逻辑，就是选取指数相对稳定的指标，估值才能更准确。

第二节　如何计算指数定投的年复合收益率？

收益率是投资者最关心的问题，而定投的收益率计算更加复杂，为了更好地帮助普通投资者，这里从最简单的收益率开始介绍。

一、一次性投资的收益率计算

买入某种理财产品 10000 元，一年后赎回，总收益为 10500

元，收益率怎么算？年复合收益率怎么算？

总收益率为：$(10500-10000)/10000 \times 100\% = 5\%$

收益 = 投资期末总资产 − 投资期初总本金

收益率 = （收益/投资期初总本金）× 100%

年复合收益率 = $(\sqrt[年数]{投资期末总资产/投资起初总本金} - 1) \times 100\%$

如一次买入指数基金 1 万元，三年后赎回，总资产为 2 万元，收益率怎么算？年复合收益率怎么算？

总收益率为：$(20000-10000)/10000 \times 100\% = 100\%$

年复合收益率为：$(\sqrt[3]{2}-1) \times 100\% = (1.2599-1) \times 100\% = 25.99\%$

二、 定投的收益率计算

定投收益率和一次性投资计算方法不同，因为定投投入资金的时间是分散的。

每月初定投 1000 元，定投一年后，持有 13000 元资产，怎么计算收益率？

有人认为是 $(13000-12000)/12000 \times 100\% \approx 8.33\%$，这就是错误的，他采用的是一次性投资收益率的计算方法。投资期中，每个月本金都会有投资收益。已经定投了 12 个月的和刚刚定投 1 个月的，收益不同。如果已经定投 10 年，那定投第一个月和最后一个月的收益差就更大了。

定投的收益率计算方法非常复杂，不过用 Excel 中现成的 IRR 公式可以快速计算出定投的月复合收益率。

建立表格，在 Excel 表格中，A 列是定投的期数；B 列是每月定投金额，需要注意的是，投入用数字前加负号表示；最后一笔投入下面是投资期末总资产，然后用 IRR 公式来计算（见表 3-2）。

表 3-2 用 Excel 表格做定投月复合收益率计算

A	B	C
1 月	-1000	
2 月	-1000	
3 月	-1000	
4 月	-1000	
5 月	-1000	
6 月	-1000	
7 月	-1000	
8 月	-1000	
9 月	-1000	
10 月	-1000	
11 月	-1000	
12 月	-1000	
期末总市值	13000	
总收益率	8.33%	（13000-12000）/12000
月复合收益率	1.23%	IRR（B1：B13）

用 Excel 表格的 IRR 公式计算的结果是月复合收益率，年复合收益率 = $(1 + 月复合收益率)^{12} - 1$，计算结果为 15.74%。

年复合收益率体现的就是复利的威力。如果初期投入10万元，每年都增长20%，那么10年后利润就是61.9万元。定投的额度小，但定投时间长，一样可以实现复利的暴涨。IRR公式计算出的收益率就是定投"复利"的最佳衡量标准。

如果排除指数基金的估值，长期定投指数基金的年复合收益率，接近于指数本身的年均上涨速度。

如果配合专业人员的估值分析，再配合定期不定额、基金轮动（按照不同的指数基金涨幅三个月排序一次，然后买入前三名）等专业方法，年复合收益率会更高。

从2011年4月1日到2018年9月30日，定投大成标普500等权重指数基金，定投周期为月，每月投入300元，红利选择再投；定投总期数为90期，投入总本金为27000元，期末总资产就能达到43288.35元，总收益率达到60.33%，月复合收益率为0.97%，年复合收益率为12.32%。

不过，指数基金不会长期被低估，所以把握时机非常重要。当下是指数投资最好的时间段，被低估的指数基金相对较多。根据年复合收益率、总收益率与定投时间长短的关系可以看出，决定收益率的除了指数的收益、每期定投的金额之外，就是时间的长短。对普通投资者来说，选定了低估的指数基金，能长期持有，就是获得财富自由的最好途径。

第三节　基金的择时能力与选股能力哪个更重要？

如同人的能力可以分解为智商与情商，基金投资能力可以简单地分解为择时能力与选股能力。

所谓择时能力,就是基金经理能否在市场上涨的时候高仓位、市场下跌的时候低仓位,能跟随市场变化做出相应的决策。

所谓选股能力,就是基金经理在配置股票的时候,能否做到多配置涨得多的股票,少配置涨得少的股票。

那么,择时能力和选股能力哪个更重要呢?

关于这个问题,不少投资者在挑选基金的时候都想到过,大多数人都希望基金经理既擅长择时,又擅长选股。这种愿望就如同初级投资者对收益的要求是只涨不跌一样,不现实。有这样的想法,很容易被市场教育。

一、 择时能力

理论上,最完美的择时就是抓住每一根阳线,躲过每一根阴线,那么结果如何?

从沪深300指数在2005年1月1日设立起,把所有红线都拼接起来,如图3-4所示。

如果你在2005年1月1日投资沪深300指数1元钱,在2016年就会变成2亿元(就是1元变成2亿元,即$2\% \times 10^{10}$)。这就是所谓"神仙择时",如果你拥有这种程度的择时能力,不妨直接炒股指期货,甚至可以配上适度的杠杆。

纵观公募基金的历史,真正能穿越牛熊的优秀基金经理很少依靠择时能力。从客观条件上看,传统的股票型基金要求权益资

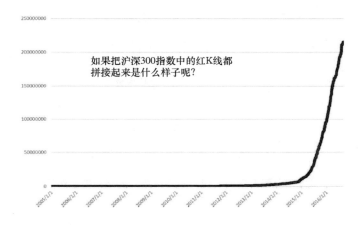

图 3-4 择时之神的净值

产仓位至少 60%，2015 年，《公开募集证券投资基金运作管理办法规定》实行，该规定对股票基金的最低持仓位进行明确规定，股票型基金的权益资产仓位至少要达到 80%。这限制了基金经理在市场上涨时保持高仓位、市场下跌时保持低仓位。

有人说，那不是还有混合型基金吗？混合型基金的业绩可以超越股票型基金吗？历史数据显示，混合型基金业绩超越股票型基金业绩，但是超越非常有限（见图 3-5）。

长期而言，沪深 300 指数在 3000 点是底部、6000 点是顶部，或许可以大致地通过历史数据看出来，但是未来如何？谁也无法确定。

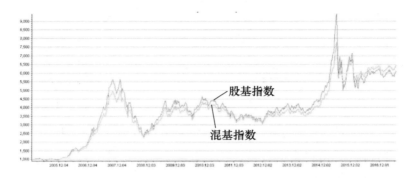

图 3-5 国证指数公司：股基指数、混基指数走势图

二、 选股能力

短周期的择时是非常困难的，其实决定基金业绩的主要是选股能力。选股能力又可以基本分为行业选择能力与股票选择能力。

根据历史数据，长期而言，非周期行业尤其是消费与医药行业是最优的选择（见图 3-6）。

再回到之前的问题"基金的择时能力与选股能力哪个更重要"，显然，答案应该是选股能力。

对投资者而言，择时能力、选股能力、选行业能力，这些能力的难度的高低是依次递减的，也就是说，投入相同时间与精力，这三种能力获取的价值是依次递增的。

择时也是一种资产配置能力，海外资产管理机构已经将资产

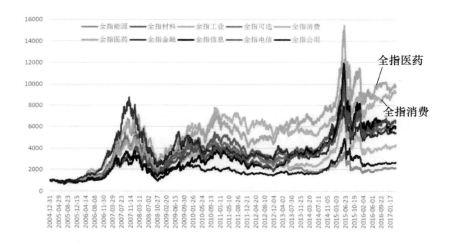

图 3-6　十大行业指数基金的走势图

配置与选股分离开来，国内基金公司也纷纷开始设立资产配置部门。

　　当基金规模太大，选股能力的作用就变得相对较小，即使投资者知道最优质的股票，但因为有权重限制，选股的优势就无法发挥。在未来的发展趋势中，大基金必须进行资产配置。

第四节　沪深 300 指数增强基金超额收益的来源与持续性分析

　　沪深 300 指数增强基金，全名为"景顺长城沪深 300 指数增强型证券投资基金"，是景顺长城发行的增强型指数基金理财产品，基金代码为000311。它自诞生以来业绩突出，本节就分析一下这只基金的超额收益来源及其未来的持续性。

一、指数增强基金业绩优异

从2014年至2017年，沪深300指数增强基金大概率跑赢沪深300指数。通常所说的沪深300指数是价格指数，并未考虑成分股分红，而沪深300全收益指数是考虑分红的指数。

根据Wind的数据，沪深300指数2014年1月到2017年5月期间累计收益率为49.9%，指数增强基金的超额收益为13.7%~51.3%，景顺长城沪深300指数增强基金在2017年以来业绩尤为突出，三年多累计收益率超过51%。如表3-3和图3-7所示。

表3-3 跟踪沪深300的指数基金收益表（2014年1月至2017年5月）

代码	名称	累计收益	累计超额收益
000311.OF	景顺长城沪深300指数增强	101.2%	51.3%
310318.OF	申万菱信沪深300指数增强A	95.8%	45.9%
050002.OF	博时沪深300指数A	90.9%	41.0%
163407.OF	兴全沪深300指数A	89.7%	39.7%
100038.OF	富国沪深300指数增强	87.7%	37.8%
110030.OF	易方达沪深300量化增强	83.3%	33.3%
000312.OF	华安沪深300量化增强A	63.6%	13.7%
000300.SH	沪深300指数	49.9%	0.0%

第三章 投资指数基金的必备能力

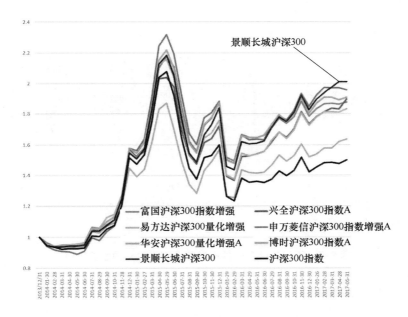

图 3-7 跟踪沪深 300 的指数基金标准化走势图

二、 增强收益来源略不同

通过基金净值走势比较，我们无法判断指数增强基金收益的来源，以及增强收益的持续性。探索指数增强基金收益来源，最优的方式或许是从更微观的角度观察，例如历史中基金每月的超额收益比较（见图 3-8）。

在图 3-8 中，有几个时期的数据（图中画圈部分）特征比较

109

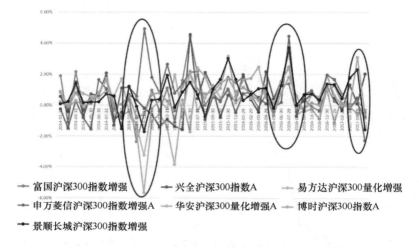

图 3-8 跟踪沪深 300 的指数基金每月的超额收益比较

明显。必须声明,以下分析均为个人主观想法。

1. 2014 年 11 月至 12 月

金融股飙涨,申万沪深 300 增强收益为正,其他几只指数增强基金收益基本为负,原因大概是申万沪深 300 超配证券、银行股票所致。当然,其他几只指数增强基金低配证券、银行股票,超配了沪深 300 中市值较低的股票。尤其是过去几年,市值较低的股票相对大市值股票具有超额收益,即所谓的小市值因子的强有效性。

2. 2015 年 6 月至 7 月

市场持续快速下跌，基本所有的指数增强基金都跑赢指数（除华安沪深 300 量化外），跑赢最多的是富国沪深 300 与兴全沪深 300。估计这些基金主要依靠低仓位（指数增强基金的仓位 80%～95%）跑赢沪深 300 指数。跑输的基金可能因为大额净赎回导致的有效仓位过高。在大额净赎回发生时，客户 T 日赎回按当日净值，为应付净赎回资金，T+1 日卖出的股票价格大幅低于上一日收盘价格，所以，亏损都会显示在 T+1 日净值中。

3. 2016 年 6 月至 7 月

金融股飙涨，申万沪深 300 涨幅最大。

4. 2017 年 1 月至 5 月

这是漂亮 50 的黄金时刻。漂亮 50（Nifty Fifty），是美国股票投资史上一个非正式术语，20 世纪六七十年代，投资者把在纽约证券交易所交易的 50 只备受追捧的大盘股，称为漂亮 50。A 股也有漂亮 50，就是蓝筹白马股。

这个阶段是否能跑赢标的指数，就看是否超配漂亮 50 了。当然规模较小的，打新（新股发行）优势就凸显出来了。

三、 指数增强基金的业绩评价

通过对历史数据的比较与分析，我估计指数增强基金的收益来源主要有如下几种。

1. 择时

即涨的时候高仓位，跌的时候低仓位。

2. 选股

超配强势股票，低配弱势股票。

3. 其他

吃股指期货贴水㊀、吃打新收益。

这些似乎跟主动基金的收益来源差不多，其实指数增强基金就是在指数成分股（也有超出这个范围的）的基础上主动增强、量化增强。

获取增强收益是一种能力，凡是能力就是主动的，如何评价这种能力呢？

指数增强型基金的业绩绩效通常使用信息比率作为衡量标准。什么是信息比率呢？信息比率等于超额收益除以跟踪误差，信息比率越大，说明基金单位跟踪误差所获得的超额收益越高，因此，信息比率较高的基金的表现要优于信息比率较低的基金（见表3-4）。

㊀ 股指期货贴水：股指期货价格和现货指数价格的差称为期现价差，通常情况下，当期现价差为正时，称股指期货升水，期现价差为负时，称股指期货贴水。

表 3-4 跟踪沪深 300 的指数基金信息比率对比

（2014 年 1 月至 2017 年 5 月）

代 码	名 称	超额收益/年	波动率/年	信息比率
050002.OF	博时沪深 300 指数 A	12.88%	2.69%	4.79
000311.OF	景顺长城沪深 300 指数增强	11.68%	3.76%	3.11
110030.OF	易方达沪深 300 量化增强	10.59%	3.65%	2.90
100038.OF	富国沪深 300 指数增强	10.29%	4.12%	2.50
310318.OF	申万菱信沪深 300 指数增强 A	9.84%	4.91%	2.00
163407.OF	兴全沪深 300 指数 A	8.79%	4.33%	2.03
000312.OF	华安沪深 300 量化增强 A	3.83%	5.78%	0.66

四、指数增强原理

根据构建原理的不同，常用指数复制方法可以分为三种主要类型：完全复制法、优化复制法和抽样复制法。

1. 完全复制法

完全复制法的目的在于构建一个与标的指数相似度极高的投资组合，通过保持组合中每只复制股的占比与标的指数成分股占比完全一致来实现对标的的复制。该方法较为适用于成分券（指数债券的成分券）数量少，同时流动性较高的指数，尤为适用于大市值股票指数，如道琼斯工业指数、上证 50 指数等。

2. 优化复制法

优化复制法是一种完全数理化的组合构建方法，通过目标函数最优化过程来寻找一个权重组合,使得投资组合与标的指数的历史收益偏离度保持最小,并假设该情景能在未来延续。这种方法完全基于历史数据的统计和挖掘;同时其对模型输入数据较为敏感,不同计算期得到的权重差异较大;另外,对于计算结果也难以找到合理的经济意义来加以解释。

3. 抽样复制法

抽样复制法首先基于一定原则来抽取少数代表性样本券,然后再通过最优化过程来使投资组合与标的指数保持较为接近的风险暴露程度,是对完全复制法以及优化复制法的一种综合。在抽样原则中,可以设置相应入选条件来体现诸如流动性、信用风险等基本面或市场面因子,这些因子都是能够影响债券价格的主要因素,从而保证复制组合风险暴露程度的一致性。

从三种方法的优劣比较来看,抽样复制法结合了完全复制法和优化复制法的优点,能使投资组合在各风险因子上的暴露程度接近于标的指数,尤其是行业权重大多与标的指数的行业权重基本一致,仅在每个行业内进行股票优选。目前大多指数增强基金均使用抽样复制的方法!

五、指数增强基金的业绩持续性

最近几年,指数增强基金是持续增强的。但是通过每月的数据又发现,指数增强基金并非每个月都能增强。而且,指数增强基金约等于90%指数基金加10%主动基金，是否能有增强主要靠主动选股的择时能力。但凡涉及主动管理能力，其持续性都具有不确定性。

另外，我们忽略了一点，我们的比较基准是沪深300指数，这个是价格指数，未考虑成分股分红。历史上沪深300指数的分红率基本为3.2%左右，如果考虑神华的特别派息，估计分红率更高。如果以沪深300真实收益而言，指数增强基金的增强的年复合收益率都要减少3%~4%。反过来说，在A类账户打新收益不错时，指数增强基金是不错的选择。

但随着市场散户越来越少，预计2019年跑赢沪深300指数相比之前会更加困难。

第五节　中概互联基金优选

所谓中概互联基金，就是中国概念的互联网基金。

2018年，阿里巴巴与腾讯控股几乎"跌跌不休"，到11月初，已经跌了30%~40%，才开始反弹。对于互联网股票而言，可谓是跌得也快、涨得也快，短短几天时间涨幅就达到10%了（见图3-9和图3-10）。

绿巨人目前已经配置了易方达中证海外联接人民币A，虽然未来恒生国企指数将有10%权重的腾讯控股，但是其他沪深300与香港中小里面还是缺乏互联网股票，所以从2018年开始，我就一直研究以下几只中概互联基金。

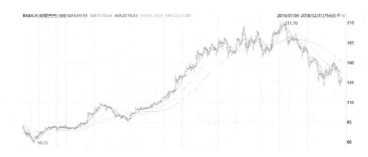

图3-9　阿里巴巴2016—2018年走势图

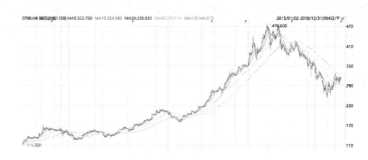

图3-10　腾讯控股2015—2018年走势图

一、嘉实全球互联网股票

这只基金从2016年到2018年三年收益率为46.53%，2017年、2018年两年收益率为24.67%，而且2018年跌幅也不大，总体而言还是非常不错。

再看看其重仓股票，前三重仓股分别为英伟达、亚马逊、谷歌母公司，都是全球最牛的互联网企业，这些都是美股，所以最近一年没有怎么跌。这个似乎跟"中概互联"关系不大,而且管理费率高达每年1.8%,托管费率为每年0.35%,绿巨人不喜欢高费率。

二、 交银中证海外中国互联网指数

这只基金2016年到2018年三年收益率为24.16%,跟绿巨人收益差不多,2017年、2018年两年收益率仅为8.99%,而且2018年跌幅也不小,为20%。

重仓股分别为腾讯控股、阿里巴巴、百度、网易等,这个才是真正的中国概念互联网基金,但是看到这个基金的历史收益,我们心里也就平静很多。它名义上是一只指数基金,但管理费率却比有的主动型基金还高,为每年1.2%,托管费率为每年0.25%。

三、 易方达中概互联

易方达的这个中概互联指数据说是他们公司定制的,非常特别。前三大重仓股分别为:百度、阿里巴巴与腾讯控股,基本是等权重的,三只股票合计为60%。这个基金的管理费率为每年0.6%,托管费率为每年0.25%。

其实投资基金是买它的未来,不是买它的过去,当然,它的过去你也买不到。

所谓联接基金,就是ETF联接基金,是投资ETF基金的基金,即投资标的为 ETF，采用开放式运作方式，重仓配置标的 ETF，密切跟踪标的 ETF 的指数表现，以求跟踪偏离度和误差最小化。

绿巨人在选择中概互联时，有下面三项原则：高筑墙，选择抗跌绿巨人组合；广积粮，便宜的时候多买；缓称王，别着急赚钱，一旦趋势降临，便势如破竹。

投资日志：2019 年基金产品布局必备数据

2019 年是指数的爆发年，很多基金公司都积极思考 2019 年指数基金产品的布局：重点布局什么产品，重点销售什么产品，有什么更有效的策略。

我也一直在研究基金产品，但凡研究就需要数据，以下粗略整理 2019 年基金产品布局必备数据（见表 3-5）。

表 3-5　各类基金规模和数量对比表（2018 年年末）

基金类型	规模（亿元）	规模较年初增幅	基金数	数量同比增减（只）
货币型	81498	14%	383	-12
其中传统货币	75758	12%	331	-10
其中短期理财	740	57%	52	-2
债券型	24501	57%	1427	239
混合型	14929	-28%	2313	125
股票型	8098	11%	869	110
QDII	821	-3%	141	8
另类投资	263	3%	27	-2
全部合计	130110	12%	5160	468

一、概览

根据 Wind 数据，2018 年年底公募基金合计规模为 13 万亿元，其中货币基金约 8.15 万亿元，占比 62.7%；债券基金 2.45 万亿元，占比 18.8%；混合型基金 1.49 万亿元，占比 11.5%；股票型基金 0.8 万亿元，占比 6.15%。

1. 货币基金是行业规模大头

从管理费角度分析，货币基金为行业贡献了 50% 左右的收入，但是货币基金规模基数太高，又要面对银行资管子公司的冲击，想要进一步快速增加规模难上加难，然而这个规模必须尽量守住，否则基金公司收入就要降低。

2. 2018 年规模增速最快品种是债券基金

尤其是 2018 年下半年热销的债券指数基金，但是必须看到债券基金的管理费率已经从每年 0.7% ~ 0.8% 降低到 0.15%，预计随着债券指数基金竞争进一步激烈，管理费率跌破 0.1% 仅是时间问题。

3. 混合型基金的资产配置十分关键

混合型基金为 1.49 万亿元，规模减小 28%，鉴于沪深 300 指数在 2018 年跌幅为 25%，混合型基金面临非常大的净赎回压力。所谓混合型基金不仅要进行投资标的选择，还要进行资产配置的管理，随着股票指数基金与债券指数基金的发展，传统的基金经理必须交出手中资产配置权力，而且这个是趋势。当然，未来估计也唯有明星基金可以驾驭混合型基金。

4. 股票型基金规模增长依靠指数基金

股票型基金规模增长主要来源是指数基金（包含ETF）规模增长，在股票型基金方面也是主动股票基金规模减小，被动指数基金规模增加。规模排名前10的股票型基金主要都是指数基金，尤其是规模在500亿元的华夏50ETF、400亿元的南方500ETF，令人羡慕不已。

管理费加权规模，将不同管理费率的基金折算为1%管理费率规模。排名前35的大多都是货币基金、股票指数基金，还有就是明星基金兴全合宜了。对于基金公司而言，规模就是生命之血，有规模才有收入（见表3-6）。

表3-6 各大基金管理费加权表

序号	基金名称	规模（亿元）	管理费率（%）	管理费加权	基金公司
1	天弘余额宝	11327.07	0.30	3398.12	天弘基金
2	建信现金添利A	2747.26	0.30	824.18	建信基金
3	工银瑞信货币	2368.64	0.33	781.65	工银瑞信基金
4	平安日增利	1495.73	0.33	493.59	平安基金
5	博时现金收益A	1454.29	0.33	479.92	博时基金
6	易方达易理财	1694.52	0.27	457.52	易方达基金
7	兴全合宜A	272.20	1.50	408.30	兴全基金
8	天弘云商宝	1543.78	0.25	385.95	天弘基金

第三章 投资指数基金的必备能力

（续）

序号	基 金 名 称	规模（亿元）	管理费率（%）	管理费加权	基金公司
9	工银瑞信添益快线	1163.86	0.33	384.08	工银瑞信基金
10	华宝现金添益 A	1075.44	0.35	376.40	华宝基金
11	招商招钱宝 B	1266.59	0.27	341.98	招商基金
12	华安日日鑫 A1	1362.21	0.25	340.55	华安基金
13	中银活期宝	1717.44	0.27	316.29	中银基金
14	国泰利是宝	1059.91	0.27	286.17	国泰基金
15	中欧滚钱宝 A	944.18	0.28	264.37	中欧基金
16	广发天天利 E	764.11	0.33	252.16	广发基金
17	上投摩根货币 B	740.88	0.33	244.49	上投摩根基金
18	景顺长城景益货币	743.15	0.32	237.81	景顺长城基金
19	华夏上证50ETF	457.90	0.50	228.95	华夏基金
20	农银汇理金穗三只	759.57	0.30	227.87	农银汇理基金
21	汇添富全额宝	839.24	0.27	226.59	汇添富基金
22	农银汇理红利 A	683.51	0.33	225.56	农银汇理基金
23	南方现金通 E	890.84	0.25	222.71	南方基金
24	易方达消费行业	136.71	1.50	205.06	易方达基金
25	鹏华添利宝	1434.26	0.14	200.80	鹏华基金
26	兴全趋势投资	129.84	1.50	194.76	兴全基金
27	嘉实现金添利	608.54	0.30	182.56	嘉实基金
28	华夏财富宝 A	669.51	0.27	180.77	华夏基金
29	建信现金添利 B	589.56	0.30	176.87	建信基金
30	汇添富现金宝	644.11	0.27	173.91	汇添富基金
31	华夏回报 A	115.11	1.50	172.67	华夏基金
32	华夏回报 H	115.11	1.50	172.67	华夏基金
33	南方中证500ETF	334.68	0.50	167.34	南方基金
34	华泰柏瑞沪深300	333.00	0.50	166.50	华泰柏瑞基金
35	南方天天利 B	1083.70	0.15	162	南方基金

二、互联网的力量

1. 余额宝平台

表 3-7 所示,是余额宝平台货基 2018 年四季度规模变化。

表 3-7　余额宝平台货基规模变化表（2018 年四季度）　（单位:亿元）

证券简称	基金成立日	资产净值（2018年年底）	资产净值（2018年三季末）	四季度规模变化	四季度规模增速
诺安天天宝 A	2014-3-25	347.44	107.36	240.08	223.63%
长城货币 A	2005-5-30	285.62	55.19	230.44	417.53%
广发天天利 E	2015-3-23	764.11	566.49	197.62	34.88%
景顺长城景益货币 A	2013-11-26	743.15	552.84	190.31	34.42%
大成现金增利 A	2012-11-20	218.07	34.49	183.57	532.17%
银华货币 A	2005-1-31	291.37	124.86	166.51	133.36%
融通易支付货币 A	2006-1-19	180.45	23.91	156.54	654.68%
中欧滚钱宝 A	2015-6-12	944.18	839.05	105.13	12.53%
华安日日鑫 A	2012-11-26	1362.21	1288.52	73.7	5.72%
银河银富货币 A	2004-12-20	49.09	1.95	47.13	2412.98%
国泰利是宝	2016-12-22	1059.91	1030.09	29.82	2.89%
博时现金收益 A	2004-1-16	1454.29	1425.08	29.21	2.05%
天弘余额宝	2013-5-29	11327.07	13232.12	-1905.1	-14.40%
国投瑞银添利宝 A	2015-4-23	—	3.07		
合计	—	19026.95	19285.03	-255.01	—

2. 理财通平台

表3-8所示,是理财通平台货基2018年四季度规模变化。

表3-8 理财通平台货基规模变化表(2018年四季度)(单位:亿元)

证券简称	基金成立日	资产净值(2018年报)	资产净值(2018年三季)	四季度规模变化	四季度规模增速
嘉实现金添利	2017-3-29	608.54	456.12	152.43	33.42%
富国富钱包	2014-5-7	188.09	144.27	43.82	30.37%
招商招钱宝A	2014-3-25	68.62	36.27	32.35	89.17%
鹏华增值宝	2014-2-26	141.6	120.84	20.75	17.17%
南方现金通E	2014-7-2	890.84	911.14	-20.3	-2.23%
华夏财富宝A	2013-10-25	669.51	692.93	-23.42	-3.38%
工银瑞信添益快线	2014-10-22	1163.86	1222.36	-58.5	-4.79%
易方达易理财	2013-10-24	1694.52	1754.22	-59.7	-3.40%
汇添富全额宝	2013-12-13	839.24	913.78	-74.54	-8.16%
平安日增利	2013-12-3	1495.73	1693.82	-198.08	-11.69%
合计	—	7760.55	7945.75	-185.2	-2.33%

截至2018年年底,对接蚂蚁金服的货币基金规模为1.9万亿元,对接理财通的货币基金规模为0.78万亿元,两者合计2.68万亿元,占8.15万亿元货币基金的比例为32.8%。这个比例看似不高,但是如果剔除货币基金中的机构客户,估计两大互联网平台个人客户数量占整个货币基金市场个人客户数量的50%以上。

如果未来推出针对个人的中国版401K计划[1]与IRA计划[2]养老金投资账户,这两个互联网平台潜力无限。即便没有什么养老政策,随着投资者年龄结构的变化,80后、90后将逐步成为基金投资的主力,谁还去银行购买认购(申购)费不打折的基金呢?

2018年规模增速最快的并非蚂蚁金服与理财通,而是推出大V组合的且慢与蛋卷,以绿巨人组合为例,跟投存量规模增加将近十倍。

3. 债券基金

2018年年底债券基金规模为2.45万亿元,具体分类规模如表3-9所示。

表3-9 债券基金规模(2018年年底)

基 金 类 型	规模(亿元)
中长期纯债基金	19992.76
混合债券型二级基金	1456.56
短期纯债型基金	1061.46
被动指数型债券基金	1054.30
混合债券型一级基金	855.27
增强指数型债券基金	1.32
总计	24421.67

---

[1] 401K计划:美国1978年《国内税收法》新增的第401条K项条款的规定,是一种由雇员、雇主共同缴费建立起来的完全基金式的养老保险制度。

[2] IRA计划:IRA(Individual Retirement Account),即个人退休账户,区别于401K计划的公司账户,是一种个人自愿的投资性退休账户,也是美国养老计划的一种。

债券指数基金大多是 2018 年新发产品，南方基金与博时基金已经率先将债券指数基金的管理费率降至每年 0.15%。截至 2018 年年底，债券指数基金合计规模为 1022 亿元，机构客户对于低费率的债券指数基金需求巨大，2019 年债券指数基金规模将持续增加，且管理费将进一步降低。如果债券指数基金的综合费率低于货币基金，有可能取代部分货币基金，尤其是周期较短的债券指数基金。如表 3-10 所示，是债券指数基金的基本情况。

表 3-10　债券基金规模及管理费率表（2018 年年底）

证券简称	成立日期	规模（亿元）	管理费率（%）
广发 1~3 年国开债 A	2018-11-14	207.30	0.25
中银中债 3~5 年期农发行	2018-9-19	86.55	0.25
南方 1~3 年国开债 A	2018-11-8	85.66	0.15
兴业中高等级信用债	2016-11-4	76.55	0.30
广发中债 1~3 年农发行 A	2018-4-24	72.42	0.25
博时中债 1~3 政策金融债 A	2018-12-10	65.35	0.15
华夏亚债中国 A	2011-5-25	58.23	0.13
博时中债 3~5 进出口行 A	2018-12-25	58.14	0.15
海富通上证 10 年期地方政府债 ETF	2018-10-12	54.20	0.25
平安中债—中高等级公司债利差因子 ETF	2018-12-27	51.05	0.25
招商中债 1~5 年进出口行 A	2018-12-5	48.10	0.25
南方中债 3~5 年农发行 A	2018-12-5	46.61	0.15
海富通上证可质押城投债 ETF	2014-11-13	23.34	0.30
富国中债 1~3 年国开债 A	2018-9-27	22.18	0.20

（续）

证券简称	成立日期	规模（亿元）	管理费率（%）
国泰上证10年期国债ETF	2017-8-4	19.42	0.30
易方达7~10年国开行	2016-9-27	15.40	0.25
中银中债7~10年国开债	2018-3-30	13.01	0.25
平安5~10年期国债活跃券ETF	2018-12-21	11.36	0.25
广发7~10年国开行A	2016-9-26	7.54	0.25
合计规模		1022.43	

4. 偏股型基金

表3-11是2018年年底基金公司偏股型基金规模排名表，其中包含较年初的规模变化。

表3-11　基金公司偏股型基金规模排名

排名	基金公司	规模（亿元）	规模变化	排名变化
1	华夏	1962	-75	↑1
2	易方达	1721	-306	↑1
3	嘉实	1470	-593	↓2
4	南方	1312	-407	持平
5	汇添富	1199	20	持平
6	富国	870	-110	↑1
7	广发	766	-100	↑2
8	华安	756	-147	持平
9	东方红资管	744	35	↑2
10	兴全	714	157	↑5

华夏基金的偏股型规模为1962亿元，估计其中一半多都是指数基金，尤其是旗舰指数基金50ETF。此外，易方达指数基金规模也在全面发力。

引用中信证券研究报告：

全局聚焦：2018年股票指数基金资产管理规模增长1103亿元至5320亿元。

1. 指数基金规模

截至2018年12月31日，78家基金公司管理着572只股票指数基金，涉及标的指数233个，资产管理规模合计5320亿元。股票指数基金在股票型基金中的规模占比72%，相比2017年年底上升10个百分点。

2. 2018年ETF是最大赢家

2018年ETF规模大增，从年初的1338亿元至年底的3372亿元，增幅达152%，分级基金则成为唯一规模下降的指数品种，共缩减370亿元。

3. 指数类型不同，规模增长不同

从指数类型看，规模（+820.71亿元，+32.3%）和主题（+426.53亿元，+86.38%）指数基金齐头并进，行业指数基金（-195.8亿元，-20.18%）规模下降。

4. 规模最大的指数基金

华夏上证50ETF蝉联资产管理规模最大的指数基金。南方中证500ETF成为2018年全年规模增长最多的指数基金，共增长149.51亿元。而华安创业板50ETF年度规模增长89.71亿元，涨幅达445%，成为涨幅最大的A股指数基金。

第四章
你在挑选指数基金时,你到底在选什么?

市场上指数基金繁多,各有优势,到底选择哪只指数基金更好呢?要回答这个问题,首先就要弄清楚两个问题:你挑选指数基金时,到底在选什么;为什么股市里大多数投资者都不赚钱。指数基金之所以比主动基金更有优势,就是因为费率更低,因此,挑选指数其实是在平衡各种费率。

第一节　如何选择优秀的指数基金

选择优秀的指数基金，包括选择优秀的指数和选择优秀的基金两个部分。

一、选择优秀的指数

什么是优秀的指数？简单说，就是能赚钱的、能长期上涨的指数，选择的基本规律是：指数背后的公司越具有赚钱能力，指数涨幅越大。

拿中证十大行业指数来说，它们的始点位都是2004年年底开始统计的1000点。到2019年5月13日，排在第一的是中证消费指数，已经达到14529点，14年涨了13.5倍。排在第二的为中证医药指数，为9072点，14年涨了8倍。2004年年底，大盘（即上证综合指数）到了1300多点，到2019年5月13日，也才达到2903.71点，上涨幅度有限。

中证消费指数的成分股有五粮液、贵州茅台、伊利股份、海天味业、洋河股份等，都是蓝筹股，背后都是能赚钱的公司，公司业绩几乎不受经济是否景气的影响。

必需消费行业是最能赚钱的行业，美股近50年涨幅Top 20中有11家消费类公司。表4-1是1957—2012年标普500指数中业绩排名前20的公司。

表 4-1　美股涨幅 Top 20（1957—2012 年）

排名	公司	年复合收益率（%）	所处行业	1 美元投资的累计收益（美元）
1	菲利普莫里斯公司	19	必需消费	19737
2	雅培公司	15	医药	2577
3	可口可乐公司	15	必需消费	2025
4	高露洁公司	15	必需消费	1990
5	百时美公司	14.40	医药	1768
6	百事可乐公司	14	必需消费	1547
7	默克公司	14	医药	1419
8	亨氏公司	13.80	必需消费	1317
9	梅尔维尔公司	14	必需消费	1224
10	爱心糖果公司	14	必需消费	1178
11	科瑞公司	14	工业	1178
12	好时公司	14	必需消费	1154
13	辉瑞制药公司	13	医药	1072
14	公平天然气公司	13	能源	964
15	通用磨坊食品公司	13	必需消费	947
16	俄克拉荷马新天然气公司	13	公共事业	907
17	宝洁公司	13	必需消费	890
18	迪尔公司	13	工业	833
19	克罗格公司	12.70	必需消费	768
20	麦格劳-希尔公司	13	可选消费	725

消费行业是最容易赚钱的行业，其次是医药行业，也是刚需，业绩不受经济景气与否的影响。选择消费行业的指数，很容易选到优秀的指数。

二、选择优秀的指数基金

在 2006 年到 2008 年的牛市之中,沪深 300 是跑赢中证 500 的,基本上没有什么主动基金在那个时代能跑赢沪深 300。但是在 2008 年到 2015 年这个周期内,中证 500 是大幅跑赢沪深 300 的,当然在此期间神奇的创业板更是表现突出。但是自 2016 年以来,跑赢沪深 300 又变成了一件很难的事情,而万德全 A 指数是优于沪深 300 与中证 500 的……那么,到底应该拿什么作为市场业绩基准呢(见图 4-1)?

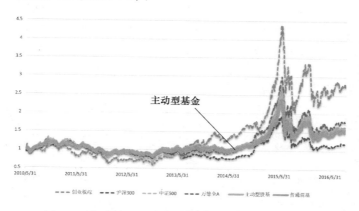

图 4-1　主动基金对比指数走势图(2005—2017 年)

纵观中国股市几十年,基金投资者其实大部分不赚钱,主要原因有两个,一个是显性原因,另外一个是隐性原因。

1. 显性原因

无论指数基金还是主动型基金,长期而言都是可以获取正收益的。但是,投资者通常在市场高点购买偏股型基金(指数基金与股票基金），反而在市场低点购买保本基金或者债券基金，结果是市场上涨过程中投资者股票资产配置较少，市场下跌过程中投资者股票资产配置较重，导致投资者投资大多都是亏损的。

2. 隐性原因

基金投资成本不仅有管理费与托管费，还有交易佣金、信息披露费、审计费等隐性成本。对于主动型基金而言，这些隐性的成本通常是显性成本（管理费与托管费）的 2~7 倍。相比主动型基金而言，指数基金尤其是 ETF 型基金的这些隐性成本低得多，仅为显性成本的 0.5~1 倍左右。对于长期投资而言，节省的成本就是收益，所以长期投资选择指数基金为宜。

选择优秀指数基金，首先得分析交易费用指标。即选择指数基金的主要标准，是选择投资标的（宽基指数、行业指数、主题指数、QDII 指数基金等），之后再选择运营成本最低的指数基金进行投资。

关于基金的运营成本，最大的隐性变量是交易费用。如何衡量基金交易费用的高低就是一个问题了，因为基金的规模是变动的，如果简单考虑交易费用与基金规模的比率关系是不科学的。

但凡有些基金会计知识的读者都会知道，基金管理费是按日计提的，公式为：

$$基金管理费 = （T 日）\times 管理费率/365$$

交易费率可能是每日产生的，也可能是在指数调整日产生的，使用交易费用与管理费用的比率作为衡量基金交易成本性价比的指标是一个相对不错的选择，为此我们选择 49 只规模较大的指数基金试算一下这个指标的有效性，如表 4-2 所示。

表 4-2 规模较大的基金的交易费用指标对比（2016 年）

序号	代码	基金简称	管理费（万元）	交易费（万元）	交易费/管理费（%）	管理费率（%）	规模（亿元）
1	510050.OF	华夏上证 50ETF	13870.3	570.9	0.04	0.50	290.74
2	159902.OF	华夏中小板 ETF	1331.0	65.7	0.05	0.50	23.07
3	510330.OF	华夏沪深 300ETF	7925.9	407.8	0.05	0.50	165.81
4	519180.OF	万家 180 指数	1560.0	99.6	0.06	1.00	15.73
5	510180.OF	华安上证 180ETF	8357.9	693.1	0.08	0.50	178.30
6	159901.OF	易方达深证 100ETF	2154.6	212.2	0.10	0.50	35.37
7	161028.OF	富国中证新能源汽车指数分级	5035.6	496.4	0.10	1.00	38.41
8	163115.OF	申万菱信中证军工指数分级	3070.4	348.7	0.11	1.00	27.33
9	165521.OF	信诚中证 800 金融指数分级	2289.6	276.4	0.12	1.00	18.63
10	159919.OF	嘉实沪深 300ETF	8793.4	1094.8	0.12	0.50	173.59
11	161031.OF	富国中证工业 4.0 指数分级	2922.4	380.5	0.13	1.00	23.77
12	160638.OF	鹏华中证一带一路分级	599.4	83.7	0.14	1.00	12.43
13	161024.OF	富国中证军工指数分级	19706.9	2767.0	0.14	1.00	163.80
14	512070.OF	易方达沪深 300 非银 ETF	572.0	88.6	0.15	0.50	13.26
15	163113.OF	申万菱信申万证券分级	8908.9	1556.5	0.17	1.00	82.11
16	160630.OF	鹏华中证国防指数分级	14860.0	2626.9	0.18	1.00	159.77
17	160631.OF	鹏华中证银行指数分级	6214.5	1133.0	0.18	1.00	84.76

第四章 你在挑选指数基金时，你到底在选什么？

（续）

序号	代码	基金简称	管理费（万元）	交易费（万元）	交易费/管理费（%）	管理费率（%）	规模（亿元）
18	161027.OF	富国中证全指证券公司指数分级	4109.1	780.7	0.19	1.00	35.76
19	160219.OF	国泰国证医药卫生行业指数分级	7721.4	1480.7	0.19	1.00	57.35
20	160716.OF	嘉实基本面50指数	1246.3	254.9	0.20	1.00	15.34
21	020011.OF	国泰沪深300指数	916.7	199.6	0.22	0.50	19.27
22	161022.OF	富国创业板指数分级	7895.9	1784.5	0.23	1.00	77.01
23	161026.OF	富国中证国企改革分级	15054.3	3418.8	0.23	1.00	135.71
24	502013.OF	长盛中证申万一带一路分级	1241.9	285.5	0.23	1.00	22.69
25	510500.OF	南方中证500ETF	8880.4	2118.0	0.24	0.50	170.50
26	160625.OF	鹏华中证800证券保险分级	1891.2	455.6	0.24	1.00	13.61
27	164402.OF	前海开源中航军工	8180.0	2048.0	0.25	1.00	80.12
28	161812.OF	银华深证100指数分级	6942.3	1771.0	0.26	1.00	45.41
29	159915.OF	易方达创业板ETF	2666.1	686.4	0.26	0.50	50.34
30	161720.OF	招商中证全指证券公司指数分级	11087.6	2898.6	0.26	1.00	197.52
31	161025.OF	富国中证移动互联网指数分级	5723.2	1519.5	0.27	1.00	44.02
32	510230.OF	国泰上证180金融ETF	1590.5	449.2	0.28	0.50	34.72
33	519300.OF	大成沪深300指数	1444.1	427.5	0.30	0.75	19.59
34	510310.OF	易方达沪深300ETF发起式	794.5	259.2	0.33	0.20	35.96
35	163109.OF	申万菱信深证成指分级	3647.5	1246.6	0.34	1.00	37.67

（续）

序号	代码	基金简称	管理费（万元）	交易费（万元）	交易费/管理费（%）	管理费率（%）	规模（亿元）
36	510300.OF	华泰柏瑞沪深300ETF	10446.6	3601.7	0.34	0.50	179.67
37	167503.OF	安信中证一带一路分级	774.2	279.4	0.36	1.00	18.53
38	168204.OF	中融中证煤炭指数分级	813.7	319.7	0.39	1.00	19.15
39	481009.OF	工银瑞信沪深300指数	1290.8	507.5	0.39	0.50	16.91
40	168203.OF	中融国证钢铁行业指数分级	1049.0	426.7	0.41	1.00	16.66
41	161123.OF	易方达并购重组分级	2238.7	924.6	0.41	1.00	19.31
42	160221.OF	国泰国证有色金属行业指数分级	1816.0	780.1	0.43	1.00	16.16
43	000059.OF	国联安中证医药100指数	494.8	258.1	0.52	0.80	19.65
44	161725.OF	招商中证白酒指数分级	1095.8	599.7	0.55	1.00	15.65
45	510510.OF	广发中证500ETF	766.6	490.8	0.64	0.50	15.70
46	050002.OF	博时沪深300指数A	4396.1	2863.4	0.65	0.98	50.86
47	000613.OF	国寿安保沪深300ETF	379.1	411.2	1.08	0.50	38.50
48	001113.OF	南方大数据100指数A	3344.7	5546.3	1.66	0.50	62.06
49	001242.OF	博时中证淘金大数据100A	1089.0	2912.2	2.07	0.60	14.44

基金费用指标（年度交易费/年度管理费）效果还是不错的，结论与我们的推理基本一致。使用这一指标，就能选到优秀的指数基金。

第二节 高费率基金是投资者的毒药

金融市场的运作机理似乎很复杂，其实利益关系非常简单，

第四章　你在挑选指数基金时，你到底在选什么？

但是需要用一个通俗易懂的故事来讲给大家。约翰·博格在2013年出版的《投资稳赚》这本书里，讲了下面这个故事。

很久以前，美国有一个非常富有的戈特罗家族。经过世世代代的生息繁衍，这个包括几千成员的大家族拥有100%的美国股票。投资让他们的财富与日俱增，享有几千家公司创造的收益，再加上它们分配的红利，成为这个家族取之不尽的财源。

所有家族成员的财富都在以相同的速度增长，大家相安无事、和睦相处。这场永远不会有失败者的游戏让戈特罗家族的投资如同滚雪球一般，几十年便会翻上一倍。

然而好景不长，几个伶牙俐齿的"帮手"出现了，他们劝说一些"头脑灵活"的戈特罗家族堂兄妹，"只要动动脑筋，就能比其他亲戚多赚一点"。帮手说服这些堂兄妹把手里面一部分股票卖给其他亲戚，作为对价，再买回他们持有的一些股票。这些帮手全权负责股票交易，作为中间人，他们的回报就是从中间收取佣金，于是所有股票在家族成员之间分配的格局发生了变化。

让他们感到意外的是，家族财富的总体增长速度却降低了。原因何在呢？原来，这些帮手们拿走了其中的部分收益，最开始的时候，美国产业这块蛋糕全部归戈特罗家族，无论是分配的红利还是收入的再投资，无不如此。但是现在，帮手们却要拿走其中的一小块，于是，戈特罗家族所能享有的份额开始不断下降。

更为糟糕的是，这个家族之前只需要为他们获得的股票红利纳税，但是现在，部分家族成员还要为股票来回交易而产生的资本利得纳税，这就进一步消减了整个家族的财富。

这几个头脑灵活的堂兄妹很快就意识到，他们的计划正在侵蚀整个家族财富增长的速度。他们认为，自己选股的策略是不成功的，而且有必要聘请更专业的人帮助他们挑选更好的股票。这样，便可以让自己在这场财富游戏中领先一步，他们开始雇用所谓的选股专家（基金经理）——这就引来了更多的帮手。

这些帮手为提供的服务而收费，一年之后，整个家族再度评价其整体财产的时候，他们发现：这块大蛋糕中属于他们自己的份额又少了……

噩梦远未结束，新上任的管理者确信，只有通过多做股票交易才能稳住阵脚，但这不仅增加了支付给第一批帮手的佣金，也让自己支付的税款直线上升。现在，家族最初享有的整个蛋糕再次缩水了……

几个聪明的堂兄妹开始想："最初，我们没有为自己选好股票，之后，我们又没能找到帮助我选好股票的基金经理，到底该怎么办？"

前面两次挫折并没有让他们就此罢休，他们决定雇用更多的帮手。就是开始寻找可以挑选基金经理的专家，帮助他们挑选优秀的基金经理……结果，戈特罗家族的蛋糕越来越小了。

最后，戈特罗家族的人们终于被眼前的局势所震惊了，于是，大家坐在一起，严厉批评那些试图卖弄小聪明的家族成员。

他们疑惑不解地问："以前，我们是这块大蛋糕的唯一主人，我们享有100%的股票与分红，但是现在怎么萎缩到只有60%

了呢?"

家族中最聪明的成员———一位贤明的老叔叔和声细语地对大家说:"你们付给那些帮手的钱,还有你们原本不必支付的佣金与税款,本来就是属于我们自己的红利与收益。回去解决这个问题,越快越好,赶走所有经纪人、赶走所有的基金经理,这样我们的家族就可以重新拥有美国企业这块蛋糕了……"

于是,大家听从了老叔叔的教诲,重新捡起最初保守却有效率的策略——持有美股企业的所有股票,自得其乐地享受只属于自己的蛋糕。

这也是指数基金的投资策略。高费率基金是投资者的毒药。同类指数基金,一定选择费率最低的。请记住指数基金之父约翰·博格的那句名言:"省到就是赚到。"

第三节 债券基金的矛与盾

资产配置决定投资组合 90% 的风险,长期而言,投资组合的收益与风险成正比,因此资产配置也决定投资组合 90% 的收益。

一、债券基金重要性

1952 年,美国经济学家马可维茨在他的学术论文《资产选择:有效的多样化》中,首次应用资产组合报酬的均值和方差这两个数学概念，从数学上明确地定义了投资者偏好，并以数学化的方式解释投资分散化原理，系统地阐述了资产组合和选择问题，标志着现代资产配置理论（Asset Allocation）的开端。

股票与债券始终是资产配置中两类最重要的资产类别，例如在美国市场逾两万亿美元的 FOF 产品中，约 80% 都是目标日期共同基金与目标风险共同基金（美国共同基金等同于国内的公募基金）。目标日期基金与目标风险基金基本上都是 100% 投资于股票与债券资产。

在 20 世纪初，风险平价之父钱恩平博士开创了风险均衡策略（又称"风险平价策略"），之后风险均衡策略在各种市场中均获得令人惊喜的投资业绩，钱恩平博士创立的美国磐安资产管理公司的管理规模也超过了 400 亿美元。

目前全球最大对冲基金是达里奥创立的桥水基金，管理规模超过了 1000 亿美元，桥水基金的旗舰产品全天候基金同样是基于风险均衡策略的。

马可维茨的均值方差模型仅注重投资组合整体的风险与收益，忽略了投资组合中风险的构成，即各类资产对于投资组合整体的风险贡献。钱恩平的风险均衡策略其实是均值方差模型的一种改进，它更重视各类资产对于投资组合整体的风险贡献，而且假设投资组合最优的状态是各类资产对于投资组合的风险贡献相等，这个也是风险均衡（风险平价）策略名字的由来。

由于债券资产的波动率远低于股票资产、商品资产等其他资产，提高债券资产对于投资组合风险贡献的方法无非就是增加债券投资比例或给债券资产增加杠杆。无论如何，债券资产在资产配置中越来越重要了。

二、 债券基金的矛与盾

你要问现在对于投资者而言，买股票风险大还是买债券风险大。这个问题还真不好回答，根据 2017 年 Wind 数据，国内信用债市场有 33 家发行主体出现不同类型的违约事件，合计违约金额为 337.49 亿元；2018 年以来，信用债市场已有 88 家发行主体出现不同类型的违约事件，合计违约金额为 888.63 亿元。

最近五年债券违约数量与违约金额都在逐年上升，金融市场的投资者都是非常敏锐的，一旦发债主体企业有什么风险，马上就会反映在债券价格上面。相比股票还有 10% 涨跌停板限制，债券可没有涨跌幅限制。

根据 Wind 数据，2018 年 3 月 1 日在 14 富贵鸟停牌 18 个月之后，债券价格直接从 100 元跌到 15 元，跌幅高达 85%，第二天继续暴跌至 8.5 元，又跌了近 50%，两天资产累计缩水 91.5%。投资者买了这个违约债券，当真是欲哭无泪。有些债券基金还重仓了该债券，假设基金重仓债券最多 10% 仓位，即便如此也会导致基金净值两日跌幅达到 -9.15%，别忘了这个可是债券基金，如此跌幅远超股票基金了。

自 2018 年以来，在近 1900 只债券基金中，截至 2018 年 11

月 16 日，有 226 只债券基金仍为负收益，占比约 12%。这 226 只债券基金负收益的原因均为不同程度的"踩雷"，其中某基金亏损更是高达 48.07%，亏损比股票型基金还要多。

债券基金的矛就是收益性，债券基金的盾就是安全性。两者对于债券基金都非常重要，在获取投资收益的时候，我们更应该注重投资的安全性。

2018 年以来，天弘基金的债券以及类债券基金产品中已有添利、丰利、信利、优选以及裕利五只产品收获了 4% 以上的正收益；二级债基中发起式同类收益领先；混合偏债中安康颐养同类排名仍在前 1/3（见表 4-3）。

表 4-3　天弘基金的各类债券收益（2018 年 11 月）

产品代码	产品名称	Wind 投资类型（二级分类）	2018 年以来收益率	今年以来同类排名
164206.OF	天弘添利债券	混合债券型一级	4.83%	81/154
164208.OF	天弘丰利债券	混合债券型一级	5.53%	62/154
003824.OF	天弘信利债券 A	中长期纯债型	5.85%	488/956
000606.OF	天弘优选债券	中长期纯债型	6.19%	394/956
420008.OF	天弘债券发起式 A	混合债券型二级	4.80%	73/444
420009.OF	天弘安康颐养混合	偏债混合型	2.14%	91/313
002388.OF	天弘裕利灵活配置混合 A	灵活配置型	5.15%	45/1605

其中，天弘安康颐养性价比更高（见表 4-4）。

表 4-4 天弘安康颐养的收益率

年　　度	收益率（%）
2018 截至第三季度	1.74
2017	4.40
2016	2.43
2015	18.89
2014	14.86
2013	1.89

天弘安康颐养自成立以来，每个自然年都是正收益；且自成立以来五年多时间里，累计收益率达52%，而最大回撤仅为-8.8%。

天弘基金的固定收益产品不仅信用风险研判能力强，全年零踩雷；而且固收产品业绩稳定，位居行业前1/4。如何才能做到呢？

在固收领域，明星基金经理、历任天弘基金管理有限公司债券研究员兼债券交易员的姜晓丽和她的团队借助量化手段，将定量和定性结合起来，以定性分析判断趋势，用定量办法捕捉市场情绪变化。他们建立了完善的研究、决策和交易流程，通过自上而下的宏观利率研究及自下而上的信用分析，研判市场走势，精选个券，确定组合合适的久期⊖及仓位，以达到为客户创造长期收益的目的。

⊖ 久期：久期也称持续期，是1938年由 F. R. Macaulay 提出的。它是以未来时间发生的现金流，按照目前的收益率折现成现值，再用每笔现值乘以现在距离该笔现金流发生时间点的时间年限，然后进行求和，以这个总和除以债券各期现金流折现之和得到的数值就是久期。

1. 行业全覆盖

固定收益部涵盖了宏观经济、利率走势及信用分析的研究，信用研究员对行业的研究实现了全覆盖。

2. 频繁交易提高了交易能力

由于余额宝基金规模大、申赎频繁，相关交易具有频率高、规模大的特点，债券交易员因此积累了丰富的交易经验，提升了交易处理能力。

3. 天弘永利季季有分红

天弘永利成立于2008年4月18日，荣获《中国证券报》颁发的2017年度"三年期开放式债券型持续优胜金牛基金"。季季有红就分，截至2018年6月30日，天弘永利债券分红31次。根据银河证券数据，截至2018年6月30日，天弘永利A、B自成立以来净值增长率分别为56.64%和63.27%。

三、牛债基配指数基业绩更稳健

我们通过分别计算沪深300指数与中证全债指数在2014—2017年间的波动性，基于月度数据计算得出：沪深300指数的波动性为25%，中证全债指数的波动性为2.5%。

假设我们以沪深300指数与中证全债指数作为股票资产与债

券资产的代表，构建一个无杠杆的风险均衡策略组合，并根据风险均衡模型计算方法，得出两者的资产比例约为9%与91%。根据这个比例，我们选择天弘沪深300指数基金（000961）与天弘优选基金（000606）构成风险均衡组合，看看2018年业绩如何（见图4-2）。

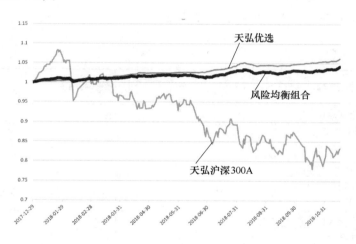

图4-2　天弘沪深、天弘优选与风险均衡组合的走势对比

由天弘沪深300指数基金与天弘优选基金构成的风险均衡策略组合，2018年以来收益率为4.41%，远超货币基金收益，而且组合中具有一定沪深300指数成分，或许可以获取市场未来潜在上涨收益。

综上所述，债券基金的矛与盾：从资产配置角度选择固收产品，不仅要注重债券投资的收益，更要注重债券投资的安全性。天弘基金的固定收益产品不仅信用风险研判能力强，全年零踩雷；而且固收产品业绩稳定，位居行业前 1/4。

第四节　FOF 在投资什么

2017 年 10 月首批公募 FOF 成立，经过一年多的发展，截至 2018 年年底，它们境况如表 4-5 所示。

表 4-5　FOF 的发展境况

证券简称	发行日期	成立规模（亿元）	基金最新规模（亿元）	份额赎回率	单位净值（元）
华夏聚惠稳健目标 A	2017-09-26	46.91	13.70	−70.25%	0.9814
嘉实领航资产配置 A	2017-09-26	28.64	13.10	−52.40%	0.9608
海富通聚优精选	2017-09-26	21.59	10.51	−41.01%	0.8249
南方全天候策略 A	2017-09-26	33.03	10.73	−66.89%	0.9807
建信福泽安泰	2017-09-26	27.92	10.67	−60.91%	0.9783
泰达宏利全能优选 A	2017-10-09	8.27	3.50	−56.80%	0.9796
中融量化精选 A	2018-04-03	4.29	1.06	−74.45%	0.9710
前海开源裕源	2018-04-16	2.99	2.25	−25.96%	1.0167
上投摩根尚睿	2018-07-12	2.11	2.11	0	0.9941
长信稳进资产配置	2018-07-16	4.40	4.40	0	1.0210

华夏、嘉实、南方、建信的回撤控制得非常不错，这些基金均衡配置偏股型基金，其最高比率不能超过30%，但是赎回率的确有点高，基本都在60%左右。反而精选股票基金的海富通的 FOF 赎回率仅为41%。有时候投资者亏得多了，反而不愿意赎回了。

下面从表4-6到表4-13，是2018年三季报中华夏聚惠、嘉实领航、海富通聚优精选、南方全天候、建信福泽、泰达宏利全能、中融量化精选、前海开源裕源具体配置情况。

表4-6 华夏聚惠各品种持仓和净值占比表

序号	品种代码	品种简称	持仓市值（元）	占基金资产净值比例（%）
1	000016.OF	华夏纯债债券C	190610537.52	11.95
2	519998.OF	长信利息收益货币B	70105145.31	4.39
3	001023.OF	华夏亚债中国指数C	69106653.04	4.33
4	270029.OF	广发聚财信用债券A	55760372.96	3.49
5	217022.OF	招商产业债券A	51948348.89	3.26
6	001011.OF	华夏希望债券A	3766513.47	2.36
7	001031.OF	华夏安康债券A	35190666.56	2.21
8	162712.OF	广发聚利债券A	35173365.21	2.20
9	050106.OF	博时稳定价值债券A	34408525.12	2.16
10	270042.OF	广发纳斯达克100指数A	34115601.41	2.14
合计			614084629.49	38.49

表 4-7 嘉实领航各品种持仓和净值占比表

序号	品种代码	品种简称	持仓市值（元）	占基金资产净值比例（%）
1	070005.OF	嘉实债券	221148758.74	15.09
2	000147.OF	易方达高等级信用债债券 A	183237210.82	12.51
3	519723.OF	交银双轮动债券 A/B	152876133.89	10.43
4	070037.OF	嘉实纯债债券 A	148793005.77	10.16
5	000419.OF	大摩优质信价纯债 A	129878671.97	8.86
6	070019.OF	嘉实价值优势混合	90895382.90	6.20
7	518880.SH	华安黄金易 ETF	72657100.00	4.96
8	519069.OF	汇添富价值精选混合 A	66370633.86	4.53
9	004544.OF	嘉实稳华纯债债券	60986646.91	4.16
10	167501.SZ	安信保利债券	46309311.50	3.16
合计			1173152856.36	80.06

表 4-8 海富通聚优精选各品种持仓和净值占比表

序号	品种代码	品种简称	持仓市值（元）	占基金资产净值比例（%）
1	166005.OF	中欧价值发现混合 A	183844325.46	17.49
2	163412.SZ	兴全轻资产混合	158011453.93	15.04
3	481001.OF	工银核心价值混合 A	142803656.13	13.59
4	160716.SZ	嘉实基本面 50 指数（LOF）A	114576995.20	10.90
5	110025.OF	易方达资源行业混合	92517186.90	8.80
6	180012.OF	银华富裕主题混合	83592097.71	7.95
7	110011.OF	易方达中小盘混合	80066032.76	7.62
8	000251.OF	工银金融地产混合	52319244.78	4.98
9	510500.SH	南方中证 500ETF	34225086.19	3.26
10	070032.OF	嘉实优化红利混合	27230098.17	2.59
合计			969186177.23	92.22

第四章 你在挑选指数基金时,你到底在选什么?

表 4-9 南方全天候各品种持仓和净值占比表

序号	品种代码	品种简称	持仓市值(元)	占基金资产净值比例(%)
1	202103.OF	南方多利增强债券A	245894768.82	18.07
2	004555.OF	南方和元A	105317887.80	7.74
3	003295.OF	南方安裕混合A	104576008.80	7.68
4	003474.OF	南方天天利货币B	94761125.70	6.96
5	001988.OF	南方纯元A	89622834.79	6.59
6	003161.OF	南方安泰混合	70934111.44	5.21
7	002015.OF	南方荣光A	60629912.64	4.46
8	000564.OF	南方通利债券C	50368715.39	3.70
9	003612.OF	南方卓元债券A	35387680.23	2.60
10	001371.OF	富国沪港深价值混合	34360976.40	2.53
合计			891854022.01	65.54

表 4-10 建信福泽各品种持仓和净值占比表

序号	品种代码	品种简称	持仓市值(元)	占基金资产净值比例(%)
1	531008.OF	建信稳定增利债券A	155637624.88	14.58
2	000205.OF	易方达投资级信用债债券A	49493068.88	4.64
3	002758.OF	建信现金增利货币	46443742.77	4.35
4	531014.OF	建信双周理财B	45265335.76	4.24
5	000147.OF	易方达高等级信用债债券A	39191024.99	3.67
6	001021.OF	华夏亚债中国指数A	38407105.28	3.60
7	002969.OF	易方达丰和债券	37550801.89	3.52
8	110008.OF	易方达稳健收益债券B	36403449.33	3.41
9	270044.OF	广发双债添利债券A	35706391.18	3.35
10	270048.OF	广发纯债债券A	3532202179	3.31
合计			519420566.75	48.67

表 4-11 泰达宏利全能各品种持仓和净值占比表

序号	品种代码	品种简称	持仓市值（元）	占基金资产净值比例（%）
1	166008.SZ	中欧增强回报债券 A	41425966.43	10.94
2	000015.OF	华夏纯债债券 A	39032936.43	10.30
3	000206.OF	易方达投资级信用债债券 C	34811857.56	9.19
4	110037.OF	易方达纯债债券 A	33651609.49	8.88
5	519985.OF	长信纯债壹号债券 A	28341197.05	7.48
6	000319.OF	泰达淘利债券 A	26885206.09	7.10
7	270042.OF	广发纳斯达克 100 指数 A	23468891.76	6.20
8	233005.OF	大摩强收益债券	21865593.82	5.77
9	000032.OF	易方达信用债券 A	18707456.36	4.94
10	000929.OF	博时黄金 D	14622780.82	3.86
合计			282813495.81	74.66

表 4-12 中融量化精选各品种持仓和净值占比表

序号	品种代码	品种简称	持仓市值（元）	占基金资产净值比例（%）
1	159915.SZ	易方达创业板 ETF	12114000.00	9.52
2	003376.OF	广发中债 7-10 年国开债指数 A	11001202.89	8.64
3	003358.OF	易方达中债 7-10 年国开债指数	10984501.22	8.63
4	000147.OF	易方达高等级信用债债券 A	10180053.93	8.00
5	217011.OF	招商安心收益债券	10149837.13	7.97
6	001021.OF	华夏亚债中国指数 A	9973557.25	7.84
7	000191.OF	富国信用债债券 AB	996967742	7.83
8	519723.OF	交银双轮动债券 AB	8089469.36	6.36
9	000015.OF	华夏纯债债券 A	5097645.82	4.01
10	000575.OF	兴全添利宝货币	5095883.03	4.00
合计			92655828.05	72.80

表 4-13 前海开源裕源各品种持仓和净值占比表

序号	品种代码	品种简称	持仓市值（元）	占基金资产净值比例（%）
1	166008.SZ	中欧增强回报债券 A	38366539.55	17.03
2	070009.OF	嘉实超短债债券	35092478.70	15.58
3	000129.OF	大成景安短融债券 B	33825878.76	15.02
4	519152.OF	新华纯债添利债券发起 A	28794743.06	12.78
5	233005.OF	大摩强收益债券	22934441.36	10.18
6	531014.OF	建信双周理财 B	20117690.61	8.93
7	001871.OF	前海开源货币 B	11031987.43	4.90
8	510330.SH	华夏沪深 300ETF	10564379.70	4.69
9	202304.OF	南方理财 14 天债券 B	9165402.07	4.07
10	001057.OF	华夏理财 30 天债券 A	119072.83	0.05
合计			210012614.07	93.23

根据这些配置表格，我们发现公募 FOF 的配置有以下几个重点。

1. 是否购买自己公司产品

华夏、嘉实、建信的公募 FOF 配置基本是一半自己公司的、一半其他公司的产品，南方的公募 FOF 基本只买南方自己的产品，其余海富通、泰达宏利、中融基金基本都是买其他公司的产品。

2. 受挫降低偏股型基金仓位

公募 FOF 在 2018 年 2 月份市场下跌之后，配置了 20%～30% 的偏股型基金，本以为抄底了，谁知市场后来继续下跌，所以除海富通之外其他公募 FOF 在后来相继降低偏股型基金仓位。

3. 目前公募 FOF 配置主要是债券型基金

这主要是因为货币基金的收益率下降得没有债券基金高了。但问题是债券型基金的每年的收益基本就是 3%~8%，而公募 FOF 综合费用管理费 + 托管费基本都超过 1%。如果这些公募 FOF 长期配置债券基金，还不如投资者直接去买债券基金。

4. 基金越小，配置 FOF 越难

中小基金公司搞 FOF 实属不易，基本都要买人家的产品！问题是规模还上不去，泰达、中融、前海的规模基本都在 4 亿元之下，上投成立规模 2 亿元，长信 4 亿元，如果开放之后赎回率为 50%，也就剩下 1 亿元与 2 亿元规模了。基金无论多小都要支付信披费、审计费等，规模越小固定费用对于基金长期业绩影响越大。

公募 FOF 的竞争对手，银行 FOF 与互联网大 V 基金组合都是免管理费的，如果公募 FOF 执意还要收取管理费的话，长期业绩起码每年跑输两个点。预计未来市场是低利率、低投资收益率、低增长率的三低时代，低成本产品，例如指数基金的优势将愈发显著，公募 FOF 如果还收 0.8% 的管理费与 0.25% 的托管费，的确让投资者不容易接受！

第五节 创业板指数与创业板 50 指数的区别，哪个更值得投资？

创业板公司大多都是搞新兴业务的，具有很大的成长空间，但在 2018 年累计跌幅很大，让很多投资者望而却步。广大投资者也更想深入了解创业板的投资价值以及投资品种的选择，本节就先分析一下创业板指数与创业板 50 指数的区别，看看哪个更值得投资。

一、创业板的估值水平

创业板指数（399006.SZ）发布日期是 2010 年 6 月 1 日，到 2018 年 5 月 23 日，已经过去了将近八年时间（见图 4-3），下面我们从 PE 与 PB 两个角度分析一下创业板的估值（PE 越小越好，PB 也是越小越好）。

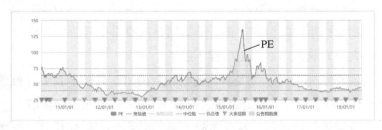

图 4-3 创业板八年的 PE 走势图

在创业板初期，指数的 PE 最高达到 80 多倍，在 2012—2013 年的熊市之中跌到过 30 倍左右，之后在 2015 年最高又触及

130多倍，从2015年之后开始"跌跌不休"，到2018年才有起色。2018年5月23日，创业板PE水平在历史中处于较低位置，但不是最低位置（见图4-4）。

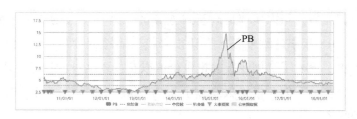

图4-4 创业板八年的PB走势图

其实PB跟PE的走势类似，起初PB在5倍左右，后来跌到过2.7倍左右，在2015年PB接近过15倍，现在创业板总体PB在4倍左右，还算不错。

二、创业板指数与创业板50指数的编制方法

我们先说两个指数的区别，指数的区别就是编制方法的区别。

创业板指数的编制方法，是从创业板股票中（根据自由流通市值大小）选取100只组成样本股。

创业板50指数，则是从创业板指数的100只样本股中（根据流动性指标，具体为交易量排名前50）选取50只组成样本股。

看到流动性指标，我就想起了换手率⊖，还有申万那个以换

⊖ 换手率：也称"周转率"，指在一定时间内市场中股票转手买卖的频率，是反映股票流通性强弱的指标之一。

手率为指标的申万活跃股指数。申万活跃股指数基期设定于1999年12月31日,起始点位1000点。在发布17年以后的2017年1月20日,报收于10.11点。是的,你没看错,从1000点跌到10.11点,而不是1011点,下跌幅度99%。

而创业板是以成交量为流动性指标,没有以换手率为流动性指标,此外创业板50指数的成分股是从创业板指数成分股中选择的,由此可见指数公司的水平之高。

三、创业板指数与创业板50指数的收益与相应产品

为方便比较,在跟踪创业板指数的产品中,我们选择规模最大的易方达创业板ETF(159915),规模为116.07亿元,且日均交易量在7.5亿元左右。在跟踪创业板50指数的产品中,我们选择规模最大的华安创业板50ETF(159949),规模为44.57亿元,且日均交易量在3.1亿元左右。统计一下两个产品最近一年多的收益,如表4-14所示。

表4-14 创业板指数和创业板50指数的收益对比(2018年5月22日)

指数/基金	2017年以来	2018年以来
创业板指数	-4.39%	7.04%
创业板ETF	-5.80%	5.43%
创业板50指数	-9.99%	5.13%
创业板50ETF	-15.44%	-0.74%

2018年以来,创业板指数涨幅为7.04%,创业板50指数涨

幅为5.13%。但是创业板ETF涨幅为5.43%，与标的指数差了1.61%；创业板50ETF涨幅为-0.74%，与标的指数差了5.87%，具体走势如图4-5所示。

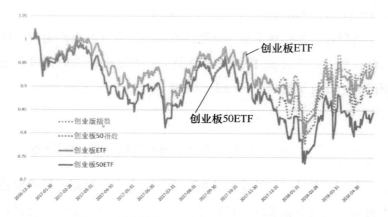

图4-5　创业板ETF和创业板50ETF走势图

两个都是指数基金，跟踪误差却如此之大。从收益角度而言，投资者买创业板ETF收益显然比买创业板50ETF高，而且是高6%……

"创蓝筹"是个好噱头。上证50是上证（自由流通）市值最高的50只股，创业板50指数从创业板指数成分股中选取交易量最大的50只股，我们姑且称之为创蓝筹。

四、 创业板指数与创业板50指数的成分股与权重的区别

我们分别将两个指数前十大权重股与权重数据统计出来，如

表 4-15、表 4-16 所示。

表 4-15　创业板指数前十大权重股与权重数据

排名	代码	股票名称	权重	证监会行业
1	300498.SZ	温氏股份	6.63	畜牧业
2	300059.SZ	东方财富	4.39	互联网和相关行业
3	300124.SZ	汇川技术	2.97	电气机械及器材制造业
4	300003.SZ	乐普医疗	2.9	专用设备制造业
5	300070.SZ	碧水源	2.44	生态保护和环境治理业
6	300142.SZ	沃森生物	2.23	医药制造业
7	300015.SZ	爱尔眼科	2.22	卫生
8	300408.SZ	三环集团	2.13	计算机、通信和其他
9	300136.SZ	信维通信	2.13	计算机、通信和其他

表 4-16　创业板 50 指数前十大权重股与权重数据

排名	代码	股票名称	权重	证监会行业
1	300059.SZ	东方财富	8.22	互联网和相关行业
2	300124.SZ	汇川技术	5.56	电气机械及器材制造业
3	300070.SZ	碧水源	4.56	生态保护和环境治理业
4	300408.SZ	三环集团	3.99	计算机、通信和其他
5	300136.SZ	信维通信	3.99	计算机、通信和其他
6	300024.SZ	机器人	3.98	通用设备制造业
7	300072.SZ	三聚环保	3.94	化学原料及化学制品制造业
8	300017.SZ	网宿科技	3.34	软件和信息技术服务业
9	300274.SZ	阳光电源	2.81	电气机械及器材制造业
10	300383.SZ	光环新网	2.41	软件和信息技术服务业

从这两个表格中我们发现，这两个指数区别还是挺大的，但没有找到创业板指数收益高于创业板 50 指数的原因。原因在

哪呢？

据统计，医药生物是创业板指数的第一大权重行业，权重占比高达 15.87%，而其在创业板 50 指数中的权重仅为 1.07%，两者权重之差高达 14.8%（见表 4-17）！

表 4-17　创业板指数与创业板 50 指数行业分布大对比

申万行业	创业板指数权重	创业板 50 指数权重	权重之差
医药生物	15.87%	1.07%	14.80%
农林牧渔	6.63%	0.00%	6.63%
计算机	14.10%	11.31%	2.79%
化工	3.45%	1.97%	1.48%
国防军工	1.09%	0.00%	1.09%
机械设备	5.29%	5.87%	-0.57%
商业贸易	0.70%	1.30%	-0.61%
有色金属	0.74%	1.39%	-0.65%
食品饮料	1.10%	2.05%	-0.96%
建筑装饰	2.10%	3.16%	-1.06%
休闲服务	1.26%	2.37%	-1.11%
通信	5.71%	7.80%	-2.10%
电气设备	8.34%	11.78%	-3.44%
公用事业	7.47%	11.44%	-3.97%
电子	13.94%	19.75%	-5.81%
传媒	12.22%	18.74%	-6.52%

2018 年，医药生物势头良好，创业板指数如此风光也就不足为奇了。

如果从创业板指数成分股中，按交易量排名选取前 50 的股票，构成可称为创蓝筹的指数的话，那收益可能就完全没有办法保证了。

第六节　博格公式挑选技巧

约翰·博格被誉为"指数基金之父",他与巴菲特、本杰明·格雷厄姆和彼得·林奇被《财富》杂志评为"20世纪四大投资巨人"。博格认为,指数基金的收益受三大因素影响,他据此给出了著名的博格公式,依靠博格公式,普通投资者可以投资盈利高速增长的品种以及盈利呈现周期性变化的品种。

一、 影响收益的三大因素

博格发现,影响指数基金收益的三大因素为:初始投资时的股息率、投资期内的市盈率变化、投资期内的盈利增长率。

我们可以把指数点数看成是指数背后公司所有股票价格的平均值,那么指数的市盈率,就是公司的平均股价除以公司的平均盈利,即 $PE = P/E$。根据数学换算,$P = PE \times E$,即指数的平均股价等于指数的市盈率乘以公司的平均盈利。

股价 P 上涨,投资者才有赚钱的机会,P 的上涨取决于投资期内市盈率(PE)和平均盈利(E)的变化。

除了股价上涨带来收益,股票还有一个收入来源——分红。但指数点数只是一篮子股票的平均股价,没能考虑指数成分股的分红。在实际投资中,指数基金会收到成分股的分红,因此,在投资期内,投资者的实际投资收益,还要加上成分股的分红收益,受股息率影响。

综上,三大因素对指数基金收益的影响如下:初始投资时指数基金的股息率影响投资者的分红收益,投资期内指数基金的市盈率变化影响投资者的资本利得⊖,投资期内指数基金的盈利增长率影响投资者的资本利得。

二、 博格公式

根据上面三大影响因素,可以得出博格公式:
年复合收益率 = 期初股息率 + 市盈率变化率 + 盈利增长率

三、 博格公式的运用

影响收益的三个因素,就是博格公式里的三个变量:股息率、市盈率、盈利。运用博格公式投资,其实就是要利用这三个变量投资。

1. 股息率

初始投资时刻的股息率在买入指数基金时就确定了,因此,这个数据很容易获得。一般来说,选择指数基金时,股息率越高,指数基金越可能被低估。

⊖ 资本利得:资本利得是指出售股票、债券或不动产等资本性项目取得的收入扣除其账面价值后的余额。

2. 市盈率

买入时的市盈率也是确定的，但未来市盈率的变化却是不可测的，不过我们可以通过经验寻找规律。市盈率变化有这样一个规律：从长期范围来看，市盈率会在一定范围内呈周期性变化。

例如，上证综指的市盈率，从20世纪90年代以来，就一直在9~50倍之间呈周期性波动。

使用市盈率，首先要统计指数历史市盈率的波动范围；其次确定当前市盈率处于这个波动范围的哪个位置，如果处于历史较低位，那未来市盈率上涨的可能性高。为了获得收益，我们尽可能在市盈率较低、未来市盈率上涨可能性更高的时候买入。

这里还要引入一个指标，盈利收益率，它是市盈率的倒数。对大多数指数而言，市盈率小于10，意味着处于历史市盈率波动范围较低的区域，即未来市盈率上涨的可能性更高。

3. 盈利

指数基金是随着国家经济长期发展而长期上涨的，但不同的阶段，盈利上涨速度不同。经济景气，上涨速度快；反之，上涨速度慢。因此，我们买入之后，只需耐心等待"均值回归"，即等待市盈率从低到高。

这三个因素中，除了未来盈利上涨增速无法确定，其他两个都可以确定。博格公式就是要我们在可以确定的因素上做更多文章。

四、博格公式的变种

分析指数时,还有一个指标,叫市净率,PB = P/B。P = PB × B,即投资期内股价的上涨,取决于指数基金市净率的变化和平均净资产的变化。

当指数基金背后的公司盈利下滑,或者是强周期性行业的公司,盈利呈周期性变化,市盈率、盈利、股息率这三个因素都会失去意义,此时就可以引入市净率,变种公式如下:

指数基金未来年复合收益率 = 指数基金每年净资产的变化率 + 每年市净率的变化率

这个公式里排除了股息率,盈利不稳定的公司分红难以实现,因此,不能考虑股息率的收益。

使用这个公式,需要明确一个前提:公司虽然处于周期性不稳阶段,但尚未出现亏损,这样公司的净资产价值才有意义,市净率才会具有参考价值。

投资日志:绿巨人的第一重仓基金恒生国企指数

绿巨人组合起初持有 30% 的香港中小,20% 的恒生国企指数,后来出于稳健发展的基本考量,将恒生国企指数的仓位提升至 30%,香港中小降低到 20%。

到 2018 年 6 月,绿巨人持有恒生国企指数已经超过一年半了，为何一直持有不动？主要还是觉得港股便宜，如表 4-18 所示。

表 4-18　恒生国企指数的前 10 大权重股 HA 价格（2018 年 6 月 4 日）

代码	品种简称	权重（%）	港股价格（元）	A 股价格（元）	HA 比价
1398.HK	工商银行	10.14	5.40	5.7	95%
0939.HK	建设银行	10.00	6.65	7.17	93%
2318.HK	中国平安	9.72	64.22	63.53	101%
3988.HK	中国银行	9.71	3.42	3.79	90%
0386.HK	中国石油化工	5.09	6.36	7.05	90%
2628.HK	中国人寿	4.66	18.44	24.96	74%
3968.HK	招商银行	3.63	26.93	29.25	92%
1288.HK	农业银行	3.57	3.38	3.66	92%
0857.HK	中国石油股份	3.29	5.28	7.96	66%
2601.HK	中国太保	2.68	28.32	34.34	82%

恒生国企指数的前 10 大权重股，合计权重 62.5%。大银行与中国平安股票的估值已经与香港接轨，但是其他保险与能源股票的折价还比较多。其实市值高的股票 AH 比价差不多在 90% 左右，市值越低，A 股相对 H 股的价格越高。例如 A 股的证券指数 PB 在 1.33 左右，H 股的证券指数差不多在 0.95 左右。如果你觉得 A 股证券估值低了，其实港股的证券估值更低。

恒生指数公司还专门编制了 AH 股溢价指数，就是 A 股相对 H 股的溢价程度，在 2014 年，A 股比 H 股便宜，而近两年，A 股相对 H 股则很贵，所以绿巨人现在持有更多的港股指数基金。

在2016—2018年,恒生国企指数还是跑赢了沪深300指数(见图4-6)。

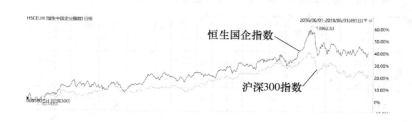

图4-6 易方达恒生H股ETF联接A两年走势图

(2016.6.03—2018.6.01)

绿巨人过去两年配置恒生国企指数,是因为其被低估,但未来如何,谁也不敢确定。MSCI纳入A股,如果一只股票的H股比A股便宜,外来的投资者也会跟风而至,那未来的不确定性就更大了。

应广大投资者要求,恒生国企指数要纳入红筹股(代表企业为中国移动)与民营企业股(代表企业为腾讯控股)。恒生中国企业指数从40只成分股变成50只,新增10只,每只个股最高权重10%。但是考虑指数稳定性,新增加的权重不是一次增加的,而是每次以0.2的权重系数增加,也就是新增加股票本次权重为2%,每三个月增加2%,2019年完成调整。本次新增加的权重就是被设置成2%,如图4-7和图4-8所示。

第四章 你在挑选指数基金时，你到底在选什么？

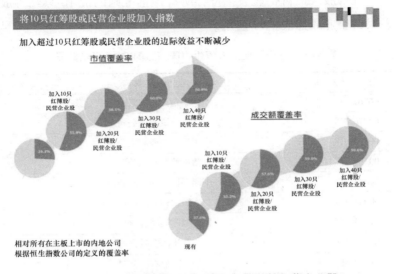

图 4-7 恒生中国指数加入 10 只红筹股与民营企业股

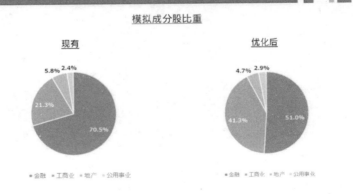

图 4-8 恒生中国企业指数优化后的模拟行业分布图

红筹股及民营企业股：符合所有挑选准则的前 10 只红筹股及民营企业股如表 4-19 所示。

表 4-19　各个行业加入恒生中国指数的前 10 只红筹股

代　码	公　司　名　称
00267.HK	中国中信股份有限公司
00270.HK	粤海投资有限公司
00384.HK	中国燃气控股有限公司
00700.HK	腾讯控股有限公司
00883.HK	中国海洋石油有限公司
00941.HK	中国移动有限公司
01044.HK	恒安国际集团有限公司
01093.HK	石药集团有限公司
01109.HK	华润置地有限公司
02313.HK	申洲国际集团控股有限公司

国企指数在优化之后，想必会有更优秀的表现，让我们拭目以待吧！

第五章
十年十倍的指数基金定投策略

投资理财要趁早,"定投指数"策略最好。这话已成了青睐指数基金的投资者的投资定律。定投指数基金,可以做到十年赚十倍。中国 A 股市场变化莫测,具有"熊长牛短"的特色,在这样的市场里投资指数基金,使用定投收益率比一次性投入会更稳,也更高,既能享受熊市的份额,也能在牛市赚到净值。

第一节　什么是定投

所谓定投，又被称为"懒人投资"，是非专业投资者最重要的投资策略之一，它与择时相对，即放弃投资时点的选择，而在固定时间，以固定的金额分批分次申购指定基金，是一次性签约后每期自动投资。

定投的特点包括：一次性额度小，投资门槛低；自动扣款，投资便捷；长期持有，平摊成本，熨平风险；复利效应，收益可观。定投秉承的是长期投资的理念，忽视市场的短时波动而注重长期价值，利滚利是其核心。

投资基金亏损的两个主要原因就是追高买入基金和频繁申购赎回。申购赎回一次的成本在互联网渠道为0.6%~0.7%，在银行渠道为1.5%~2.0%，如有一年反复申购赎回十次，成本就是6%或者15%，最终收益自然无法提升。

定投与分批建仓是有区别的，每月从工资拿出钱来买基金叫定投，每月从积蓄（已有资金）拿出钱来买基金就叫分批建仓。

买基金最好的方式是在市场低位或者相对低位一次性买入，长期持有等待市场高估的时候卖出。基金定投却是越下跌越要买入，因为市场下跌对定投来说，意味着同样的钱能买到更多的东西。

简而言之，如果有现钱最优模式是在市场相对低点一次性大规模（60%~80%）建仓；如果没有现钱，用部分工资采取定投是强制储蓄，收益相比存银行还是强多了。

下面我们模拟一些常见市场形态，对比分析一下定投与一次性投资的效果。我们假设投资市场宽基指数，暂不考虑投资标的选择问题。

1. 持续的横盘

如果不考虑资金成本，定投与一次性投资的差异不大。

2. 持续上涨或持续下跌

市场持续上涨时，定投的平均成本高于一次性投资，定投可盈利但低于一次性投资。市场持续下跌时，定投不断摊低成本，亏损但损失幅度小于一次性投资。容易理解，不再赘述。

3. V形反转

假设投资某指数，初始点位为1000点。定投60个月，前30个月每月跌幅为1%，后30个月每月涨幅为1%。每月定投金额100000元，累计6000000元。

指数先跌后涨，五年累计收益接近0，因此一次性投资于五年末不赚不亏。由于前三年指数下跌，定投的成本不断下降。三年后指数反弹，但只要指数点位低于平均成本，平均成本仍然在下降，最后平均成本稍有上升，但由于指数一直处于初始点位（1000点）之下，最终的平均成本远低于一次性投资。此轮比较中，一次性投资五年收益接近于无，而定投获得了16%的收益率（见图5-1）。

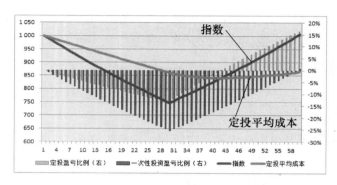

图 5-1　一次性投资和定投的盈亏对比（Ⅰ）

图 5-1 中的投资盈亏是按比例计算，对一次性投资无所谓，本金是不变的。但定投本金是逐步增加的，在中途遭受的回撤，以金额计算其实并没有那么大。因此，按金额来计算投资盈亏，更能体现实际情况。看下面这张图，指数下跌后由于定投本金较小，实际损失金额要小得多（见图5-2）。

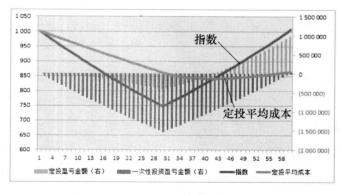

图 5-2　一次性投资和定投的盈亏对比（Ⅱ）

4. 倒 V 形反转

先涨后跌,其余假设与之前一致。我们看看结果如何(见图 5-3)。

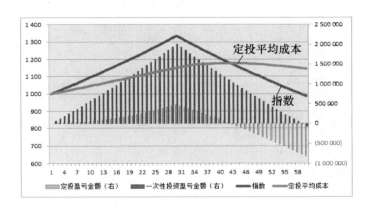

图 5-3　一次性投资和定投的盈亏对比(Ⅱ)

由于在整个周期中,指数基本都在初始点上方运行,定投平均成本应该高于一次性投资。一次性投资收益接近 0,定投由于平均成本较高,录得 –13% 的损失。

5. 长熊后急涨

假设 48 个月每月下跌 1%,最后 12 个月每月上涨 3%(见图 5-4)。

测试结果与 V 型反转相仿,只是有盈亏程度的差异。与此类似的,还有急跌后长牛。

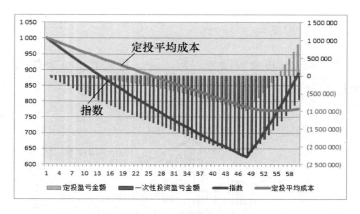

图 5-4 一次性投资和定投的盈亏对比（Ⅳ）

6. 长牛后急跌

假设 48 个月每月上涨 1%，最后 12 个月每月下跌 3%（见图 5-5）。

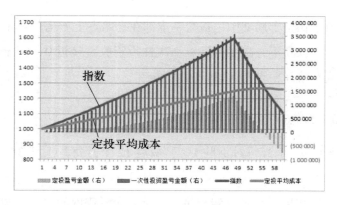

图 5-5 一次性投资和定投的盈亏对比（Ⅴ）

测试结果与倒 V 型反转相仿，只是盈亏程度有差异。与此类似的，还有急涨后长熊。

7．W 形波动

假设 60 个月中平均分为四个阶段，分别为跌、涨、跌、涨，各阶段每月持续上涨或下跌 1%（见图 5-6）。

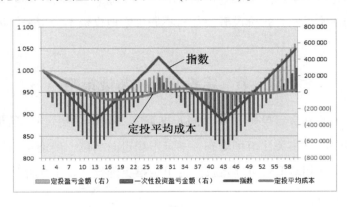

图 5-6　一次性投资和定投的盈亏对比（Ⅵ）

看成两个 V 形反转叠加就好了。同样的，M 形波动效果等同于两个倒 V 形反转叠加。

实际市场形态的判断，要比我们的假设复杂得多。比如，涨跌幅度的变化，在不同位置的横盘，同一形态维持的时间长短，不同形态的交替组合，以及投资者所关注的投资周期。

以上的分析，并不能指导我们如何做定投才能赚钱。但是，我们大致可以得到结论，在什么样的市场环境下，我们最需要考虑定投。应该是短期有回调风险，而长期看好的情形。对定投而言，短期可能是一两年，长期可能是三五年。当市场下跌，即便几年后只是回到定投起点，你就已经赚了！如果市场处于明显高估，从长期看不可持续时，规避倒 V 形反转形态，暂停定投也是理性选择。

上面的分析可以看出，不结合市场判断的定投，只基于一个前提：市场最终会上涨，只要活得足够长。不要跟市场比时间，我们活不过它。投资没有捷径，不假思索地投资不会带来好运。

第二节　定投有哪些常规策略

虽然基金定投是一种"懒人投资"，但若不想亏损，还是需要多学习、多关注市场动态，一旦市场走向高位，要能主动赎回基金，在相对低位重新定投。为了定投更理想，本节来介绍几种定投策略。

一、均线定投法

均线定投法的原理，是根据指数在中长期有回归均线⊖的属性来确定的，把均线作为基准线，当指数大幅高于均线，选择减少定投额度；反之，指数大幅低于均线则加大定投额度。

⊖ 均线：即移动平均线，是用统计分析的方法，将一定时期内的证券价格（指数）加以平均，并把不同时间的平均值连接起来，形成一条均线，用以观察证券价格变动趋势的一种技术指标。

具体的操作，首先选取与基金风格一致的参考指数，再设定基准均线，如 30 日、60 日、90 日等，查看当前指数与均线的高低，确定本期要投入的金额。

可参考的指数包括：沪深 300（代表大盘），中证 500（代表中盘），中小板指数（代表中盘成长），创业板指数（代表小盘成长）。

二、 市值定投策略

市值定投策略，即先设定市值增长目标，据此投入不同金额，它是一种定期不定额的投资策略。市值定投策略是以资产市值的长远增长为目标，通过简单量化逆向投资，来实现价值增长，因此，也叫价值平均策略。

设定目标市值月增加 1000 元，若初期定投 1000 元，次月市值跌到 500 元时定投额为：目标市值减现市值，$2 \times 1000 - 500 = 1500$（元）。次月上涨到 1500 元时定投额为目标市值减现市值，仅投入 500 元。

市值定投策略的核心是：涨多了就止盈超额部分；跌多了就追投资金填坑。

三、 定投高波动的指数基金

定投最适合的当然是指数基金。"秧好一半谷，题好一半文",选择一只好的指数基金,是定投策略的关键。那么,怎么选择指数基金呢?

1. 选规模大的

规模小的基金,用户赎回对基金运作产生很大的影响。相反,规模大的基金,受申购赎回的影响相对较小。

2. 选择波动大的

定投的关键是在便宜时多买、贵了就少买,这样,反弹时能获得更多收益,还能降低风险。因此,在波动大的走势中获利更好,高波动则让低位买入的份额有更大的盈利。

定投界有个知名的"微笑曲线",反映的正是波动给定投带来的爆发性惊喜(见图5-7)。

图5-7 基金定投微笑曲线示意图

微笑曲线的秘密就是基金定投的核心优势,即定投的分散和分摊,就是"牛市赚净值,熊市享份额",通过低位多投份额摊低成本、高位减少份额降低风险。

对于普通投资者来说,择时非常难,越想要低买高卖,越可能买在高位、死在低谷。市场波动常常让投资者心情起伏,但选波动大的,使用定投,却可以冷静地看待市场,享受波动带来的福利。所以人常说,波动是定投的好朋友。

第三节 如何通过基金定投达到十年十倍?

一次性投资如何做到十年十倍呢?十年赚十倍,意味着 (1+10) 开10次方再减100%,根据下面的复利表,需要每年27%的年化收益率,才能达到这个收益目标。表5-1 所示的是不同收益率的 N 年复利值。

表 5-1 复利年表

收益率	N 年复利					
	3 年	5 年	8 年	10 年	20 年	30 年
10%	33.10%	61.05%	114.36%	159.37%	572.75%	1644.94%
11%	36.76%	68.51%	130.45%	183.94%	706.23%	2189.23%
12%	40.49%	76.23%	147.60%	210.58%	864.63%	2895.99%
13%	44.29%	84.24%	165.84%	239.46%	1052.31%	3811.59%
14%	48.15%	92.54%	185.26%	270.72%	1274.35%	4995.02%
15%	52.09%	101.14%	205.90%	304.56%	1536.65%	6521.18%
16%	56.09%	110.03%	227.84%	341.14%	1846.08%	8484.99%
17%	60.16%	119.24%	251.15%	380.68%	2210.56%	11006.47%
18%	64.30%	128.78%	275.89%	423.38%	2639.30%	14237.06%
19%	68.52%	138.64%	302.14%	469.47%	3142.94%	18367.53%
20%	72.80%	148.83%	329.98%	519.17%	3733.76%	23637.63%

(续)

收益率	N年复利					
	3年	5年	8年	10年	20年	30年
21%	77.16%	159.37%	359.50%	572.75%	4425.93%	30348.16%
22%	81.58%	170.27%	390.77%	630.46%	5235.76%	38875.79%
23%	86.09%	181.53%	423.89%	692.59%	6182.06%	49691.29%
24%	90.66%	193.16%	458.95%	759.44%	7286.41%	63381.99%
25%	95.31%	205.18%	496.05%	831.32%	8573.62%	80679.36%
26%	100.04%	217.58%	535.28%	908.57%	10072.11%	102492.67%
27%	104.84%	230.38%	576.75%	991.53%	11814.46%	129950.38%
28%	109.72%	243.60%	620.58%	1080.59%	13837.97%	164450.46%

那么，定期性投资如何获得十年十倍的收益呢？由于累计投资金额随着时间增加，每年需要的收益更高，年化收益率需要达到40%以上。

投资基金实现十年十倍基本无望，自基金出现后的20年中国基金历史中，能达到十年十倍的基金都是屈指可数的，更别说通过定投实现十年十倍了。如果非要实现十年十倍该如何？

一、精准判断市场涨跌

从2005年起把所有沪深300指数的绿线剔除，将红线连接起来，初期仅需要投资1元钱，现在就是2个亿了。

二、加杠杆上分级基金

在最好的年份,分级基金也出现过一年收益翻番再翻番的情况,但这样的光景非常短暂。

标普500指数76年收益256倍,创下了奇迹,但是计算一下年化收益,只有7%。如果计算标普500指数的十年年化收益率(见图5-8),在1952年的十年年化收益率为10%,代表的意思是1943—1952年期间的平均年化收益率为10%。在美国历史上,就算坚持持有十年标普500也有不赚钱的年份,例如1975年与2008年,两次金融危机都使当年出现了巨幅亏损,但是如果坚持持有十年,亏10%以上的概率是极低的。

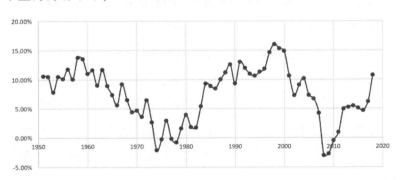

图5-8 标普500移动平均十年年化收益

可见,定投想要十年十倍,难度极大。

绿巨人2016—2018年的年化收益率在17%以上,在业界也算是表现突出了,然而还是达不到(见图5-9)。

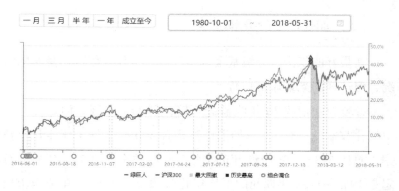

图 5-9　绿巨人收益率走势

银河证券曾计算公募基金最近 20 年偏股型基金的收益率，为 18% 左右。但是在最初的 1998—2011 年的年化收益率比较高，约为 20% 左右，在 2012—2018 年则降低到 12% 左右，由此可见，在未来通过定投获取十年十倍的收益很难。

但我们不能否认复利的价值，标普 500 指数的基期是 1942 年、初始点位为 10 点，截至 2019 年 9 月 10 日，这个指数已经高达 2978 点。在 77 年的时间中这个指数涨了 287.8 倍，年化收益率为 7.63%。要实现十年十倍，还需要在以下两个方面下功夫。

1. 如何选择基金

在公募基金历史上，可以达到十年十倍的基金也是屈指可数的，而且收益最高的华夏大盘是暂停申购的。若选择单只基金定投获取高收益的概率极低。

在经济中有一个普世的公式：盈利＝收益－成本。将所有公募基金看作一个整体，收益都是市场给的，那么，谁能降低成本则谁的盈利就高，这就是海外流行指数的原因了。因为指数基金费率更低，所以长期投资控制成本是非常重要的，绿巨人组合以指数基金投资为主。

此外，主动基金业绩不可持续，被所有投资者所诟病。其实基金业绩本就不可持续，否则一只基金持续排名第一，那还有谁去买排名第二的基金呢？

2. 收益与风险关系

绿巨人基金组合2016年5月份以来，累计收益为35%左右，年化收益为17%～18%，采用的是资产配置＋指数基金的模式，简而言之就是低估值指数轮动。

图5-10为2016年5月30日至2018年5月7日，绿巨人与工银股混FOF指数的比较图，绿巨人完胜工银股混FOF指数。

需要说明一下，工银股混FOF是中证工银基金指数系列之一，中证工银财富基金指数系列是市场上首只主动管理的基金指数，它曾被寄予厚望。基于基金公司、基金产品、基金经理三个维度构建综合评价体系，从股票型、混合型、债券型、货币型公募基金中选取综合得分最高的基金作为指数样本，为市场和投资者提供更丰富的基金投资标的。其中的工银股混FOF指数目前由27只股票型基金与混合型基金构成。

图 5-10　绿巨人与工银股混 FOF 指数的走势图

什么叫低估值轮动？并不是创业板与沪深 300 指数谁估值高谁估值低的问题。未来不可预测，所以沪深 300 指数与中证 500 指数都要配置，但是我们可以寻找跟沪深 300 指数类似但估值更低的恒生国企指数，以及类中证 500 指数，如类似但估值更低的香港中小，还有就是再持有两个长期看好的行业，医药与消费。消费行业在 2017 年涨幅近 60%，所以我们在 2018 年 2 月份考虑当时市场风险等因素，将消费换成军工指数，有效抵抗市场下跌与组合的净值回撤。

基金定投十年十倍尽管理论上很难实现，但是数据和实践告诉我们，只要有正确的选择、采用更好的方法，坚持下去，就会有可观的收益。

第四节 主动投资与被动投资并举

前文通过主动管理型美股基金与标普 500 指数的回报比较得出结论,这是否说明主动管理基金将永远撤出市场呢?

仔细思考,会得出此结论的两个假设:其一,买入主动管理型基金,你无法超越平均回报水平——基本上,我们只能像"抓阄"一样选择基金;其二,对比时,采用无费用成本的指数作为被动管理型基金的替代品。这就等于假设主动型基金投资者闭着眼挑选基金,而被动型基金投资者可以零成本地获得指数收益。

我们必须具体考察指数型基金的业绩表现,而考察的结果将充分展示以上逻辑究竟错在何处。其实,与其比较主动投资和被动投资孰优孰劣,还不如选择主动投资与被动投资并举。

一、主动投资与被动投资的相互促进

如图 5-11 所示,增加一个可靠的投资"伙伴"——更多元分散,则被动投资理论上可以降低投资收益的波动,帮助投资者坚持一个长期投资计划,并提供获取超额收益的潜力,同时可以有效控制投资组合的回撤。

另外,在某些专业性更强或者龙头效应更强的行业,比较适合主动基金的发挥,比如医药、军工、地产。

无论主动投资经理多么老练,业绩不佳的时期以及随之而来

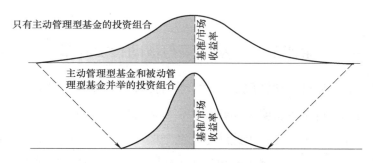

图 5-11　投资组合的收益率周期

的风险都必将会出现。例如,对截至 2011 年 12 月的五年间所有的主动型基金业绩进行排名,然后追踪其中五年业绩最佳的基金在未来五年(截至 2016 年)的业绩。

在图 5-12 中,深色柱形代表在第一个五年期(2007—2011年)业绩最佳基金在第二个五年期(2012—2016 年)的业绩。

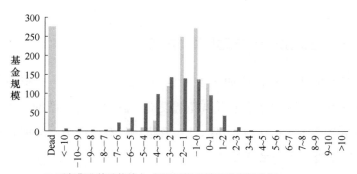

图 5-12　年化超额收益率与基准收益率对比

这些以前表现最好的主动型基金在第二个五年期的收益波动很大，类似于图 5-11 中图表顶部所示。

在图 5-12 中，较浅的柱形代表将 50% 多元化的被动型指数基金配置到之前业绩最佳主动型基金组合中所产生的影响。在增加指数基金之后投资收益率的波动显著降低，而且降低了投资组合平均回撤。

二、主动加被动胜于单纯主动

引入低成本、多元化的被动型指数基金，可以平滑主动型基金业绩周期性的波动，并且降低投资组合的最大回撤，减少投资者中途放弃长期投资计划的概率。

投资者可以通过选择高素质的投资专业人士，即通过选择优秀的主动型基金，保持较低的相对成本，并坚持自己的长期计划，为自己的投资组合获取长期收益做好保障。

在长跑比赛中，选择与适宜的训练伙伴一起参加比赛可以提高比赛成绩，减少受伤的风险。在投资组合中寻找主动投资和被动投资适宜的组合，可能也会帮助您做同样的事情。

第五节 货币 ETF 年化收益率 12%＋的操作策略

2016 年 12 月 20 日，国债期货跌停！十年期国债收益率涨至 3% 以上，逆回购年化收益率超 6%，根据集思录数据，交易所

T+0 交易货基当日买入赎回年化收益率最高达 12%！如表 5-2 所示。

表 5-2　货币基金买入赎回年化收益表（2016 年 12 月 20 日）

代码	基金简称	净值（元）	价格（元）	溢价率	买入赎回年化收益率	到账日	七日年化收益率	规模（亿元）
511990	华宝添益	100.019	99.898	-0.121%	11.011%	12-20 周二	2.156%	826.00
511880	银华日利	100.560	102.430	-0.127%	11.606%	12-20 周二	2.417%	443.00
511810	南方理财金 H	100.020	99.900	-0.120%	10.960%	12-20 周二	2.582%	223.00
511900	富国收益宝	100.018	99.897	-0.121%	11.006%	12-20 周二	2.006%	168.00
511980	汇添富添富通	100.020	99.899	-0.121%	11.078%	12-20 周二	2.518%	137.00
511860	博时保证金	100.019	99.897	-0.122%	11.155%	12-20 周二	2.266%	62.00
511820	鹏华添利	100.016	99.900	-0.116%	10.604%	12-20 周二	2.001%	49.00
511660	建信现金添益	100.025	99.897	-0.128%	11.651%	12-20 周二	3.276%	48.00
511800	易方达货币	100.023	99.897	-0.126%	11.457%	12-20 周二	2.756%	44.00
511690	大成添益货币	100.022	99.920	-0.102%	9.300%	12-20 周二	2.717%	33.00
511600	华安明鑫	100.017	99.898	-0.119%	10.822%	12-20 周二	1.717%	27.00
511680	安信保证金	100.021	99.895	-0.126%	11.505%	12-20 周二	3.011%	27.00
159003	招商快线	100.007	99.970	-0.037%	—	12-20 周二	2.503%	15.66
511700	平安交易型货币	100.024	99.891	-0.133%	12.118%	12-20 周二	2.966%	14.00

(续)

代码	基金简称	净值（元）	价格（元）	溢价率	买入赎回年化收益率	到账日	七日年化收益率	规模（亿元）
511830	华泰柏瑞货币	100.022	99.984	-0.038%	3.432%	12-20 周二	2.675%	14.00
511970	国寿安保货币	100.020	99.948	-0.072%	6.566%	12-20 周二	2.472%	14.00
511960	嘉实快线	100.021	99.900	-0.121%	11.033%	12-20 周二	2.387%	10.00
511910	融通易支付货币	100.016	99.890	-0.126%	11.515%	12-20 周二	2.004%	8.00
511890	景顺货币	100.020	99.994	-0.026%	2.342%	12-20 周二	1.900%	6.00

2018年4月24日，根据集思录数据，货币ETF的买入赎回年化利率又到了12%，如表5-3所示。

表5-3 货币基金买入赎回年化收益表（2018年）

代码	名称	净值（元）	价格（元）	溢价率	买入赎回年化收益率	申购卖出年化收益率	到账日	七日年化收益率	规模（亿元）
511660	建信现金添益	100.011	99.943	-0.068%	12.474%	-8.330%	04-26 周四	4.145%	235.00
511690	大成添益货币	100.011	99.945	-0.066%	11.9646%	-8.110%	04-26 周四	3.855%	64.00
511810	南方理财金H	100.011	99.946	-0.065%	11.796%	-7.913%	04-26 周四	3.884%	113.00
511880	银华日利	100.407	101.344	-0.062%	11.326%	—	04-26 周四	3.625%	510.00
511990	华宝现金添益	100.010	99.952	-0.058%	10.645%	-6.874%	04-26 周四	3.774%	1080.00

风险提示：
1. 需与券商确认买卖、申购赎金为0。
2. 每日赎回额度有上限，买入后赎回可能无法成功。

这样的年化收益率让投资者手痒，货币基金的买入赎回，就是从二级市场低价买入，同时在一级市场按照净值赎回，假如赎回价高于二级市场买入价与买卖手续费之和，即套利成功。

怎样才能通过买入赎回货币基金操作，赚取这样的收益呢？

一、如何买入赎回场内货基

以华宝现金添益为例，利用华宝现金添益买入就计息的特点，当天买入当天赎回套利。

在 2016 年 12 月 16 日以 99.898 元的价格买入华宝现金添益后，当天进行赎回操作，赎回款会在 T+2 日（即 12 月 20 日）到账，买入赎回年化收益率高达 11.011%，也就是说，从 16 日到 20 日 4 天的时间，每天的年化收益率都是 11.011%。

如何操作呢？

首先通过券商软件买入交易所货基，以华宝现金添益（511990）为例，就输入代码 511990，点击买入即可，与买入股票操作一样。买入之后，在券商软件下进行赎回操作。

赎回操作如图 5-13 所示，赎回代码为 511991（如何场内赎回华宝现金添益，各个券商不同，具体请详细询问券商，有些券商不支持买入赎回）。

想了解更多情况，可以到集思录查找可赎回券商一览表。除了常用的华宝现金添益、银华日利、南方理财金 H，其他大多数券商不能赎回的场内货基持续高折价很正常，千万别以为折价高

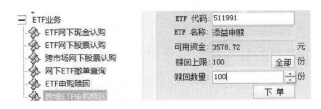

图 5-13 申赎华宝现金添益

就有便宜捡。集思录会实时更新折价高低数据,折价高的可适当参与。

二、 注意事项

1. 买入和赎回的代码不一样

买入代码就是货基的代码,比如华宝现金添益是 511990,赎回代码一般是在买入代码的基础上加 1,比如华宝现金添益就是 511991。

2. 规模较小的场内货基一般对赎回规模有限制

一般进行买入赎回操作时,应尽量选择规模较大的货基,比如规模在 50 亿元以上的。

3. 弄清交易手续费

套利本来是薅羊毛,但如果没有弄清交易手续费,很可能被反薅。最好选择买卖交易都是 0 手续费的。

4. 看券商是否支持场内赎回

比如招商财富宝 E（511850）不支持场内赎回，那就没法完成套利。

三、场内货基的其他操作方法

关于场内货基还有其他的玩法，比如轮动，利用场内货基 T+0 交易的特点，可以在当天卖出低收益的货基，再买入高收益货基进行轮动，多收他三五斗。甚至还可以和银行理财结合起来套利。

第六节　股市再跌 10%，你还扛得住吗？

2018 年，在 A 股整体行情低迷之际，经常有投资者互相比惨，一个人说基金投资亏了 20%，就有人跟着说亏了 30%，然后还有人继续说，他亏了 40%……每当此时，投资者对市场底部都会感到迷茫，到底要跌到哪一个点数为止、到底跌到什么时候才回头呢？

我专门做了一个各个行业 2018 年年初至 7 月 5 日的收益率统计，如表 5-4 所示。

表 5-4　各行业 2018 年以来的收益率统计表（截至 2018 年 7 月 5 日）

名　　称	收 益 率	名　　称	收 益 率
休闲服务（申万）	4%	公用事业（申万）	-23%
医药生物（申万）	-2%	建筑材料（申万）	-23%
食品饮料（申万）	-5%	轻工制造（申万）	-23%
计算机（申万）	-8%	传媒（申万）	-23%
家用电器（申万）	-14%	非银金融（申万）	-24%
银行（申万）	-16%	房地产（申万）	-25%
化工（申万）	-17%	采掘（申万）	-25%
交通运输（申万）	-19%	电子（申万）	-25%
钢铁（申万）	-19%	建筑装饰（申万）	-26%
纺织服装（申万）	-20%	机械设备（申万）	-27%
商业贸易（申万）	-21%	有色金属（申万）	-27%
农林牧渔（申万）	-22%	电气设备（申万）	-29%
汽车（申万）	-22%	通信（申万）	-30%
国防军工（申万）	-22%	综合（申万）	-34%

　　从上表可以看出，28 个申万一级行业平均跌幅 21%，跌幅最大的行业跌了 34%，最大权重行业银行都跌了 16%，唯有医药生物行业跌得最少，也从正收益跌成亏损 2%。

　　从图 5-14 可以看出，从 2015 年 6 月到 2018 年 7 月，三年的时间股市跌过了三个阶段：第一阶段：从 5178 跌到 2900，跌幅 44.0%；第二阶段：从 3600 跌到 2600，跌幅 27.8%；第三阶段：从 3560 跌倒 2700，跌幅 26.0%……

　　再来看看主要指数 2018 年以来的跌幅，如表 5-5 所示。

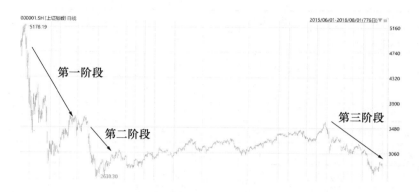

图 5-14　上证指数走势图

表 5-5　2018 年主要指数跌幅（指 7 月 2 日至 6 日）

主 要 指 数	一周收益率	2018 年上半年收益率
标普香港中小指数	-5.17%	-3.74%
恒生国企指数	-4.20%	-9.40%
标普 500 指数	-0.19	1.48%
恒生指数	-2.67%	-5.81%
创业板指数	-4.61%	-12.55%
沪深 300 指数	-4.80%	-17.08%
中证 500 指数	-4.29%	-19.23%

最先是小盘股跌；小盘股跌完，大盘股跌；大盘股跌完，白马股跌；白马股跌完，小盘股又跌。那么，股市再跌 10%，你还扛得住吗？

我们之前总结过投资者亏钱两大原因：高买低卖；频繁交易。在股市这样的跌幅下，如果卖了，正是高买低卖。其实，在这样的跌幅下，股市不是最低点也是底部了，倒不如不问涨跌，不去浪费申购赎回费更好。

第七节　理性分析战略配售基金到底该不该买

人类社会历经三次伟大的工业革命（现在叫科技革命），使我们工作模式与生活方式发生了翻天覆地的变化，或许现在我们正在踏着宏伟的乐章经历着第四次科技革命。在过去五年，如果有人问你："谁是中国最大上市公司？"估计你会毫不犹豫地说出，工农中建四大银行，还有两桶油（中石油与中石化）；如果今天再问你同样的问题："谁是国内最大的公司？"估计你还会毫不犹豫地说出，阿里巴巴与腾讯，但是这些公司都因为各种原因没有在 A 股上市。

党的十九大以来，新旧动能转换成为新时代我国经济发展的关键任务，国家创新战略被上升到前所未有的高度，新经济领域得到前所未有的关注。在这个时刻，新经济创新企业回归 A 股便刻不容缓了。国内以招商基金为代表的一批龙头基金公司，在 2018 年 6 月 11 日开始发行一只以战略配售为主要策略的基金，引发了市场火热讨论。究竟值不值得买？我们就通过基金投资标的、基金投资策略与基金投资价值三个角度理性地来分析一下。

一、投资标的：新经济创新企业 CDR[注] 等

2018年3月30日，国务院办公厅转发《证监会关于开展创新企业境内发行股票或存托凭证试点若干意见的通知》，明确CDR回归A股在行业、市值、营业收入等方面一系列要求，图5-15是CDR试点意见标准。

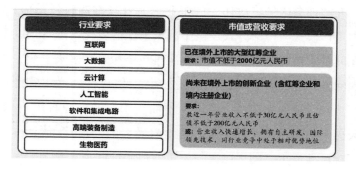

图5-15 CDR试点意见标准

海外新经济创新企业回归采用CDR模式进行，并根据CDR试点意见的标准，已上市新经济领域科技巨头（上市公司有阿里巴巴、百度、京东、网易和腾讯，非上市公司有小米）符合回归A股要求。新经济领域的科技巨头代表中国经济的未来，它们过

注 CDR：中国存托凭证（Chinese Depository Receipt，简称CDR），是指在境外（包含中国香港）上市公司将部分已发行上市的股票托管在当地保管银行，由中国境内的存托银行发行、在境内A股市场上市、以人民币交易结算、供国内投资者买卖的投资凭证，从而实现股票的异地买卖。

去三年营业收入平均年增幅44%，这个速度是传统金融行业与传统制造行业无法企及的（见图5-16和表5-6）。

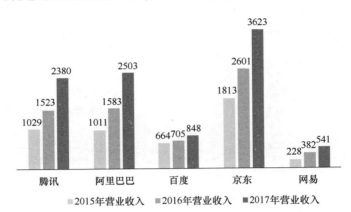

图5-16 科技巨头2015—2017年收入（亿元）

表5-6 科技巨头指数收益与恒生指数、标普500指数超额收益率对比

年 份	收 益 率	对比恒生指数超额收益率	对比标普500指数超额收益率
2015	66.9%	75.9%	53%
2016	54.4%	49.2%	40%
2017	111.6%	76.5%	93.2%
合计	232.9%	201.6%	186.2%
三年平均收益率	77.6%	67.2%	62.1%

截至2018年6月5日的数据，阿里巴巴最新市值为5270亿美元，约合3.4万亿元人民币；腾讯控股最新市值为4.0万亿港元，约合3.2万亿元人民币。新经济领域科技巨头（腾讯、阿里巴巴、百度、京东和网易）按其市值权重构建组合历史回溯，过

往三年（2015—2017 年）该组合收益率为 232.9%（见图 5-17）。

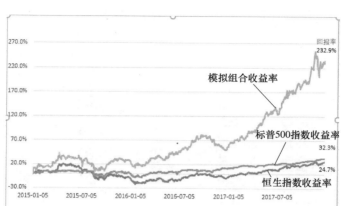

图 5-17　模拟组合三年收益率

根据 CDR 试点意见的标准，未上市新经济领域企业中，如蚂蚁金服、滴滴出行、阿里云、美团点评等近 30 家，其营业收入快速增长，拥有自主研发、国际领先技术，在同行业竞争中处于相对优势地位，表 5-7 是 2017 年新经济领域十大未上市企业估值情况。

表 5-7　新经济领域十大未上市企业估值表

排　名	企 业 名 称	2017 年估值（亿元）	行　　业
1	蚂蚁金服	4884	互联网金融
2	滴滴出行	3647	交通出行
3	小米	2996	智能硬件
4	阿里云	2540	云服务
5	美团点评	1954	电子商务

（续）

排　名	企　业　名　称	2017年估值（亿元）	行　业
6	今日头条	1302	新媒体
7	菜鸟网络	1302	物流
8	陆金所	1205	互联网金融
9	借贷宝	701	互联网金融
10	微众银行	601	互联网金融

在标普500指数中权重最大的行业，曾经是能源行业、制造业、金融业，而现在则是高科技企业。

二、投资策略：战略配售

战略配售不仅是基金投资策略，更是新经济创新企业CDR发行的重要策略。而且逻辑是先有战略配售发行策略，再有公募基金参与战略配售。战略配售对于大多数投资者都是一个新名词，为什么会有战略配售呢？

"战略配售"是"向战略投资者定向配售"的简称，该方式以锁定持股为代价获得优先认购新股的权利，赢得其他绝大部分投资者所没有的投资机会。

根据中国证监会2017年8月28日最新一次修订的《证券发行承销与管理办法》，首次公开发行股票数量在4亿股以上的，可以向战略投资者配售股票，并规定战略投资者不参与网下询价，且应当承诺获得本次配售的股票持有期限不少于12个月。

2018年5月，第一个采用战略配售的是工业富联IPO募集资金 271.2 亿元。如果在牛市中，一只股票 IPO 募集 271.2 亿元并不会引起过多关注，但是在当时的市场点位（3000 点左右）可能就会造成一些资金面的冲击了。而且阿里巴巴与腾讯控股的市值都是近 4 万亿元，即便 CDR 募资规模为现有市值的 5%，也只有 2000 亿元。新经济创新企业回归，需要解决 CDR 募集的问题，战略配售的本质，是通过更长的股票锁定期提高获配比例的方式，来引入长期战略投资者参与新股或 CDR。

在富士康工业互联网 IPO 时，有 20 家机构参与战略配售，股票锁定期从 12 个月到 48 个月不等。如表 5-8 所示，是富士康工业互联网 IPO 发行方式占比情况，仔细看数据，战略配售的中签率是 1.5%，是网下发行中签率 0.0149% 的 100 倍；是网上发行中签率 0.34% 的 5 倍。

表 5-8　富士康工业富联战略配售比例与中签率

发行方式	发行总数（万股）	所占比例	户均获配比例
战略配售	59080	30%	1.5%
网下发行	96511	49%	0.0149%
网上发行	41362	21%	0.34%（网上中签率）

其实战略配售，就是减少新股发行对市场资金面的冲击。战略配售往往能够保证参与的机构投资者获得稳定的配售份额，优先获取优质资产。

战略配售的对象，主要考虑资质优异且长期战略合作的投资者，往往都是资金体量比较大的国有企业、保险机构、投资基金等。

引入战略配售具有多方面意义：让更多人享受到创新企业优质、稀缺资源的红利；更有利于公司未来上市后二级市场的稳定，保护中小投资者的利益。

三、战略配售基金的投资价值

战略配售基金，就是以战略配售的投资策略参与新经济创新企业 CDR 等标的的基金。

弱市中的战略配置值得参与吗？

这个问题还不好直接回答，如果有两个选择——牛市中巨额募资与震荡市中战略配售，显然后者更优于前者，况且大家不是常说投资是反人性的吗？显然市场不好的时候，参与战略配售可以最大化获取未来的潜在收益，尤其是对于新经济创新企业 CDR。

2018 年年中，市场上有六只战略配售基金同时闪亮登场，产品要素基本都一样，封闭三年，管理费率为 0.1%，托管费率为 0.03%，这些都是有史以来的超低费率。

那么，怎么选择呢？招商战略配售基金看起来是不错的选择，全称是招商三年封闭运作战略配售灵活配置混合型证券投资基金（LOF），代码161728。理由如下。

1. 看债券部分收益业绩差异

由于六只基金投资策略大同小异，其投资于债券部分的收益可能成为业绩差异所在。但 2018 年以来，踩雷风险频发，机构也很难独善其身，对产品收益影响较大。因此建议选择固定收益领域投资能力较强的公司。

据了解，招商基金具有丰富的固收投资管理经验，整体规模及业绩在市场居前。Wind 数据显示，截至 2018 年第一季度，其固定收益团队管理规模已超 3100 亿元，且该团队有严格的信用风控机制，是债市少有的始终稳健前行的基金公司。

2. 看年化收益率差异

回顾上一次五家基金同台竞技，五只基金也是同时成立，同样备受瞩目的招商丰庆 A 成立以来收益率达 35.5%，年化收益率为 11.25%，远超其他四只基金（数据来源：银河证券，数据截至 2018 年 6 月 5 日）。

对于投资者来说，需注意的是，战略配售基金首募期间仅以场外方式公开发售，不开通场内方式。

第八节　定投亏损了怎么办？

常有投资者问：定投亏损了怎么办？怎么止损？A 股熊长牛短的特性，让很多人对止损格外敏感，定投遇到长熊，立刻退出止损。

其实，定投是最省心的投资方法，因为它的本质是，在起始净值和最终净值一定的情况下，高波动基金的平滑成本效果最好，收益也更好。

也就是说，定投是反人性的，或者说是逆向思维，当遇到市场波动，人人唯恐避之不及时，定投却应该越跌越买。短期损益，终究会在长期价值投资中得到补偿。

当然，越跌越买不是绝对规律，它是在长期价值投资的前提下才有好的结果。为了避免亏损，实现价值投资，还需要在以下四个问题做足功课。

一、作为基金投资者，持有多少只基金最优

关于这个问题还没有标准答案，但是关于股票投资，如果一个投资者持有的股票数量超过30只，其收益跟指数就差不多了。

一只基金至少持有十只股票，因为《基金法》规定：基金投资单一股票的比例不能超过10%。这个是投资分散化的要求，如果一只基金100%持有单一股票，则风险不可以估量。乐视网、长生生物，就是前车之鉴。

通常而言，一只主动型基金持有20～30只股票，指数基金有的持有成百上千只股票，例如沪深300指数基金持有三百只股票。

如果你持有10只以上基金，你会发现你的收益基本跟沪深300差不多。当然这不绝对，例如在2016—2017年能跑赢沪深300指数的偏股型基金不到15%，也就意味着你持有的基金越多，跑输沪深300的可能性越大。

到底持有多少只基金最合适,答案是 4~10 只基金,否则你根本无从分析你持有的基金是否有价值。当然比个数更关键的是仓位,单只基金占比最好不要超过 25%。

二、组合调整时候,先卖亏的还是先卖赚钱的?

如同《行为金融学》中描述的那样,在投资的时候人们喜欢卖出赚钱的,持有亏钱的。因为卖出赚钱的,代表浮盈的兑现,即浮盈变实盈;卖出亏损的,代表浮亏的兑现,即浮亏变实亏。通常,我们不愿意接受实亏,所以经常选择卖出赚钱的。但是在此之后,我们常常发现被我们卖掉的那只股票或者基金,后来又涨了很多很多。

在自然界更多的是强者恒强,均值回归仅发生在短暂的时间内。一只基金业绩好,通常代表基金经理能力强,未来业绩也会大概率好。这个逻辑不一定正确,你会举出很多反例,例如某某基金经理去年第一,但是第二年倒数第一。但是正因为他去年业绩好,才会进入你的视野中,其实有更多的默默无闻的基金经理,注定无人关注。应对基金业绩不稳定的问题,最好的策略就是分散投资,至少投资四只以上基金,即便有一只基金业绩反转,也会有其他几只基金为其弥补。

对于投资主动型基金,在组合中卖出赚钱的,这样的做法犯错误的概率更高。主动型基金经理一般有一个准则,如果一只主动型基金净值跌破 0.9 元,最优的方法就是卖出,而不是继续持有，当然这个准则注定不会100%正确。

如果你是基于个体思考，而不是基于概率思考，则很难理解上面所说的"大概率"的正确意义。指数基金是被动基金不是主动型基金，但是基于指数基金的组合都是主动的，因为没有被动的组合，任何组合都是主动的。

三、 基金组合的两层意义

如果投资了五只基金，则五只基金可以作为一个基金组合。作为投资者，我们期望这个组合中的五只基金每天都上涨，这是最理想的状态。

但现实是，五只基金中有三只基金上涨就不错了，如果长期有三只基金可以跑赢市场，代表组合长期也是跑赢市场的。基金组合的业绩一定高于业绩最差那只基金，也一定低于业绩最优那只基金。

另外，组合的波动性通常低于单只基金，因为组合中基金之间的相关性不是100%。组合更深刻的意义，是降低波动性。而降低波动性，就是尽量寻找相关性低的基金。通常而言，投资黄金与原油都是通过降低收益的方式降低波动性。这种方式并不适用于绿巨人这样的长期组合，因为绿巨人可以通过时间来降低波动性。

那么，还有什么更好的不以牺牲收益为代价降低波动性的方式呢，那就是研究行业之间的相关性。组合的终极目标是追求收益，如果能在不牺牲收益的前提下降低波动性，更有利我们长期持有组合。

四、通过资产配置控制组合最大回撤

什么是有效的资产配置呢？将风险控制在可承受风险范围内，追求投资收益的最大化。首先在资本市场中，正因为我们承担了风险才能获取收益，而且时间越长，这个收益的确定性越高。据此要获取正的风险收益必须坚持长期投资，但是如何才能长期投资呢，必须通过资产配置将投资组合风险控制在我们可以承受的范围内。

其实对于个人投资者而言，投资组合的风险就是最大回撤，例如投资者可以承受的最大亏损为10%，这个10%就是投资者的心理底线。如果跌幅超过10%，投资者便忐忑不安，无法坚持继续持有，所以必须通过资产配置的方法控制各类资产权重，以控制投资组合的最大回撤，有助于长期投资。

第九节 建立自己的投资体系

为什么大多数投资者明明信奉的是价值投资理念，却还是忍不住在市场上追涨杀跌呢？因为大多数投资者受市场情绪波动影响很大，眼里只有一时的涨跌、短暂的浮盈浮亏，忘却了投资的本质。

为了不被浮云遮望眼,我们必须要建立自己的投资体系。一个完善的投资体系,是长期学习实践的结果,没有捷径。不过,其核心精髓是做好投资组合,投资组合能更好地实现价值投资、降低投资风险、守护投资纪律。

一、 什么是组合

建构投资组合,就是把风险分散在不同的经济范畴,分散投资,会拥有风险报酬模式各不相同的多样投资标的。

那么,什么是组合?如果你还把绿巨人持有的五只基金当作五只独立的基金,而不是绿巨人组合,说明你没有组合思维。

1. 组合1.0模式

投资每只基金,根据每只基金跟踪指数的估值进行,低估买入,高估卖出。

2018年年初,中证500是绝对低估,到年底更是绝对底部。如果买入跟踪中证500的基金,2019年一定会迎来丰收年。

2. 组合2.0模式

不仅要考虑每只基金的估值,而且要考虑每只基金之间的相关性,相关性这个概念就比较虚。但是也要考虑,例如,绿巨人组合中的军工主要作用就是降低组合波动性。所以,要买就买绿巨人组合,而非买绿巨人中的某只基金。

二、基准投资组合 60/40

最受欢迎的资产配置模式是传统的 60/40 投资组合。该投资组合简单配置 60% 的股票（标普 500）与 40% 的十年期美国政府债券。

投资者同时购买股票和债券的原因是往往它们不相关。这意味着当股票上涨的时候债券通常是下跌的，虽然这种关系并非是恒定不变的，但将两个或多个不相关的资产组合成投资组合可以产生比单一资产更好的投资效果。

这样的投资组合业绩如何？我们可以将美国的 60/40 投资回溯到 1913 年，并且每月进行再平衡，根据月度收益计算投资组合波动率。

夏普比率是风险调整收益的度量，计算公式为：

夏普比率 =（预期收益率 - 无风险利率）/波动率

无风险利率为国库券的收益率。夏普比率越高越好，一个有效的经验准则是，风险资产的夏普比率在 0.20~0.30 范围内，如表 5-9 所示。

表 5-9　1913—2013 年各资产类别的实际收益率

	债券	股票	60/40 组合
收益率	1.82%	6.59%	5.11%
波动率	6.68%	18.61%	11.79%
夏普比率	0.22	0.33	0.40
最大回撤	-59.06%	-78.94%	-52.38%

同时投资两种资产，可以获得非常不错的分散化效果。虽然

60/40 组合并没有跑赢股票资产的收益率，但是由于两种资产没有直接的相关性，大大降低了投资者业绩回撤率。图 5-18 显示了 1913—2013 年各资产类别的实际收益率。

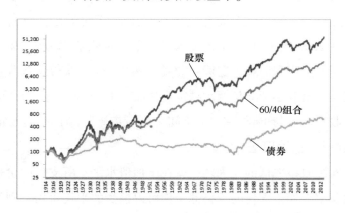

图 5-18　1913—2013 年各资产类别的实际收益率

投资者面临的另外一个挑战，是他们将要在回撤中消耗多长时间。这是一个极大的心理考验，因为我们总是认为投资组合的最高净值是我们曾经实实在在获得的。

例如，你的初始投资为 2 万美元的账户，在经历 20 年之后，现在资产为 10 万美元。你会认为你现在的财富为账户现在的价值，而非起初的 2 万美元。如果它下降到 8 万美元，大多数投资者会以亏损 2 万美元的方式来考虑，而不是认为长期而言获得了 6 万美元的收益。

60/40 投资组合用于创出新高的时间仅占 22%，另外 78% 的时间都在经历业绩回撤。业绩回撤是一件令人痛苦的事情，行为金融学的研究结果显示，人类亏钱的痛苦远大于赚钱的快乐。如果要成为一名优秀（有耐心）的投资者，你必须忍受业绩回撤。

虽然60/40投资组合是资产配置坚实的第一步，但必须指出的是，仅仅关注股票与债券是错误的。事实上，在2014年年底，60/40组合遇见了一个巨大挑战，接下来我们会详细介绍相关内容。

在2000年至2014年，美国股票平均年收益率为4.9%，如果考虑通货膨胀因素，实际年收益率为1.9%，获得这些收益的前提是投资者必须穿越两次跌幅高达45%的熊市。每年1.9%的实际收益率，与1900—2014年间美国股市平均年化率为6.47%的实际收益率相距甚远。

实际收益率低的原因之一就在于估值水平。所支付的价格影响收益率。如果支付的价格低于你可以接受的平均价格，则可以获取高于平均水平的收益率，反之亦然。

从2000年起，美国股票市场的估值水平处于历史极值水平。美国股票十年期的滚动PE在1999年12月高达45（见图5-19）。

图5-19　美国十年期的滚动PE（1881—2014年）

这个高估值为20世纪90年代后期购买股票的投资者未来的低收益率埋下了伏笔（见图5-20）。

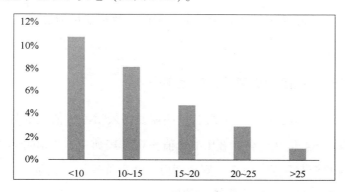

图5-20　十年期CAPE与未来收益（1900—2014年）

截至2014年12月的CAPE为27，相比长期平均值16.5高出60%多。根据历史经验，该估值水平高于25，或许未来十年收益水平的中位数为：名义收益率3.5%，实际收益率1.00%。无须多虑，不是泡沫，但也无法令人激动。一旦CAPE上升到30以上，预计未来十年股票资产实际收益率可能为负数，高价购买股票似乎就没有什么意义了。

另一方面，在2000年至2014年的15年间，美国十年期债券已被证明是一个优秀的投资标的，复合收益率为每年6.24%，扣除通货膨胀后为每年3.82%。然而问题是债券这些亮眼的收益率是以牺牲债券未来收益为代价的，十年期债券的收益率从2000年时的6%下降到2014年的2%左右，这几乎是历史最低水平。未来债券的收益率非常容易预测——仅为其初始收益率。

那么投资者应该在哪里寻找收益，同时最大限度降低所承担的风险？我们可以将传统的 60/40 组合的优势扩展到全球配置之中，并且会着重分析一下固定资产。然后，每一年进行一次再平衡，资产组合维持在 60/40，卖高买低，盈利落袋为安。

三、 直接学价值投资的经典书

当然，除了建立投资组合，还需要深入学习价值投资的理念和逻辑。这里为大家介绍几本价值投资的经典书，《聪明的投资者》《投资最重要的事》《安全边际》《富爸爸，穷爸爸》《资产配置投资实践》《资产配置手册》……

投资如果想构建自己的体系，必须要深入学习，了解市场，了解人性，了解投资的逻辑。当你深入了解了投资的逻辑，你就会在涨跌面前表现得非常淡定。

很多人以为在构建投资体系时，首先要磨炼心态，其实，心态不是磨炼出来的，而是因为你摸透了规律，胸有成竹，才能稳如泰山。

投资日志：绿巨人的指数基金配置实盘攻略

绿巨人是一只公开持仓的基金组合，发布在且慢的平台上，它一度维持过 20% 的年化收益率和 4% 的最大回撤率。投资收益和投资风险同等重要，很多投资者正是看到绿巨人组合的这个回撤率以及这样的收益率，才会跟投绿巨人。

第五章 十年十倍的指数基金定投策略

本文结合绿巨人组合在且慢平台上的所有调仓记录以及当时的市场行情,通过一一对照来探讨如何更好地进行指数基金的配置。

一、稳中求进

绿巨人的投资范围以全球市场的指数基金为主,但又不是单纯地选几个指数基金组合长期持有那么简单。整个组合配置受我个人影响很大,是被动型基金的主动投资管理模式,我要直面市场,去选板块、挑指数。在涉及具体的主题时,又不局限于指数基金。这个等下会详细给大家解释(见图5-21)。

图5-21　绿巨人组合2019年9月数据

绿巨人始于沪指 2800 点左右，我常这样描述这个组合：如果未来业绩好，多半原因归于市场给予我在 3000 点以下的建仓期！

当时处于 2016 年熔断结束后，沪指已经走了一波小幅反弹，5 月底正好又遇到一个回调时机，绿巨人就是在此时建的仓。事后再回过头来看，2016 年的 5 月底确实是一个非常完美的建仓时期。

下面是绿巨人初次建仓的仓位（见图 5-22）。

2016-05-30 记录	
半仓指数基金，根据市场情况进行调整，看多医药与可选消费，TMT 与能源按基本配置	
现金	0.00% → 50.00%
广发钱袋子A 000509	0.00% → 50.00%
股票型	0.00% → 50.00%
广发中证500ETF联接A 162711	0.00% → 10.00%
广发信息技术联接A 000942	0.00% → 10.00%
广发中证全指可选消费联接A 001133	0.00% → 10.00%
广发医药卫生联接A 001180	0.00% → 10.00%
广发中证全指能源ETF联接A 001460	0.00% → 10.00%

图 5-22　绿巨人初建仓记录

这里有一点值得大家注意。

绿巨人初始建仓，在权益类基金上的仓位是 50%，剩下的

50%在货币基金里。我的投资理念是：对于看好的股票投资策略通常是先投50%，如果未来上涨就算了，如果未来下跌再投另外50%，前提是看好，这个是核心。

对于绿巨人组合的跟买者，我的建议也是：先投资50%（可用投资金额的50%一次性买入绿巨人），剩余的50%，采取分批建仓策略，例如未来每月再投资10%，这是一个相对稳健的策略。

这种分批建仓的稳健策略，可以用在任何一种投资标的上。

二、灵活的配置策略

作为投资者每年都需要在沪深300与中证500之间进行取舍，通常的逻辑是预测下一年哪个指数涨得更多，然后根据预测结果进行押注。

但这种预测通常都是不靠谱的，所以稳健一点的方法是两个指数都要配置。

绿巨人一开始建仓时，选择的是中证500指数，但很快，连中证500指数也不见了，我们看一下当时绿巨人的调仓记录（见图5-23）。

这时，中证500被换成了香港中小企业指数。

我们注意到其中的两只指数基金：易方达恒生ETF联接A（110031）和华宝香港中国中小盘（501021）。这两个指数其实就对应了沪深300和中证500。

2017-03-15 记录

个人感觉未来投资风口应该是香港中小盘股票，毕竟高成长还估值低……香港的大盘H股与A股的差距最近缩小了很多，接下来看看香港中小股票，特此将中证500指数切换为鹏华香港中小501023

股票型	69.35% → 69.27%
易方达恒生ETF联接A 110031	24.56% → 24.54%
华夏上证50AH优选指数（LOF） 501050	12.40% → 12.39%
华宝香港中国中小盘(LOF) 501021	11.83% → 11.82%
华宝标普美国消费人民币 162415	10.63% → 10.60%
鹏华香港中小企业指数LOF 501023	0.00% → 9.92%
广发中证500ETF联接A 162711	9.93% → 0.00%
混合型	20.21% → 20.20%
汇添富消费行业混合 000083	10.36% → 10.36%
汇添富医疗服务混合 001417	9.85% → 9.84%
商品型	10.44% → 10.53%
华宝标普石油指数 162411	10.44% → 10.53%

图 5-23 绿巨人的调仓记录（调整指数）

正因为我们无法预测沪深 300 与中证 500 哪个未来更好，所以两个指数都要配置。但是绿巨人找出两个更有效的指数，用恒生国企指数替代沪深 300，同样都是大盘价值股票，恒生国企指数的 PE 和 PB 更低；用香港中小指数代替中证 500 指数，同样都是中小盘成长股，香港中小企业指数的 PE 和 PB 更低。在投资中，便宜就是硬道理！

眼光不要局限在 A 股投资市场，同样类型的投资标的，便宜才是硬道理。

此外，绿巨人虽然是以指数基金为主的投资组合，但也不局限于指数基金。

在面对消费主题和医药主题的时候,绿巨人选择了主动型基金,因为"在单个行业中优选股票或许相对容易一些"。所以,绿巨人把行业指数换成了行业股票基金,我们看一下调仓记录(见图5-24)。

2017-02-07 记录

行业指数与行业股票哪个好?在单个行业中优选股票或许相对容易一些……为此将行业指数切换为行业股票基金……指数基金管理费率为0.5%,行业股票管理费率为1.5%是否值得,我们拿20%不到的仓位测试一下吧……

股票型	88.50% → 68.52%
易方达恒生ETF联接A 110031	24.23% → 24.18%
华夏上证50AH优选指数(LOF) 501050	12.40% → 12.38%
华宝香港中国中小盘(LOF) 501021	11.53% → 11.51%
华宝标普美国消费人民币 162415	10.56% → 10.56%
广发中证500ETF联接A 162711	9.91% → 9.89%
广发医药卫生联接A 001180	10.01% → 0.00%
广发中证全指可选消费联接A 001133	9.86% → 0.00%
混合型	0.00% → 19.85%
汇添富医疗服务混合 001417	0.00% → 10.00%
汇添富消费行业混合 000083	0.00% → 9.85%
商品型	11.50% → 11.63%
华宝标普石油指数 162411	11.50% → 11.63%

图5-24 绿巨人的调仓记录(将行业指数调成行业股票)

这一决策也给绿巨人带来非常不错的收益(见图5-25)。

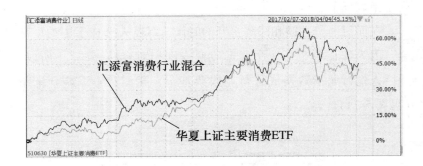

图 5-25　汇添富消费行业混合和华夏上证主要消费 ETF 的业绩走势图

如图 5-25 所示,通过比较汇添富消费行业混合和华夏上证主要消费 ETF 的业绩,我们发现,这只主动型的消费类基金确实要高出不少。

可以说,绿巨人组合的配置非常灵活,而且出的招拳拳到肉,稳、准、狠。

三、绿巨人的神来之笔

绿巨人的多次调仓,都非常准确,直接看图说话。

1. 看好香港中小企业指数

绿巨人将广发中证 500 换成香港中小企业指数后的效果,如图 5-26 所示,灰线是广发中证 500ETF,黑线是鹏华香港中小企业指数。

第五章 十年十倍的指数基金定投策略

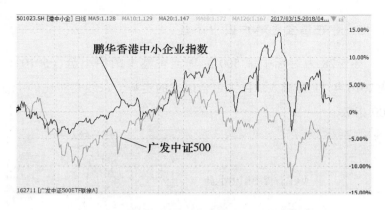

图 5-26　广发中证 500 与鹏华香港中小企业指数走势图

2. 看好易方达恒生 ETF 联接

2016 年 6 月 24 日，我将对标沪深 300 的易方达恒生 ETF 联接（110031）调入绿巨人组合，图 5-27 是之后的走势图，灰线是对比的沪深 300 指数。

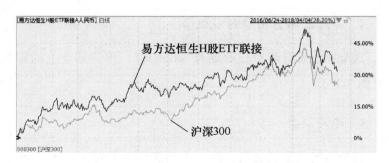

图 5-27　沪深 300 和易方达恒生 H 股 ETF 联接走势图

217

3. 看好华宝香港中国中小盘

图 5-28 为对标中证 500 的华宝香港中国中小盘 (501021) 从 2016 年 11 月调入绿巨人组合以来的走势，灰线是对比的中证 500 指数。

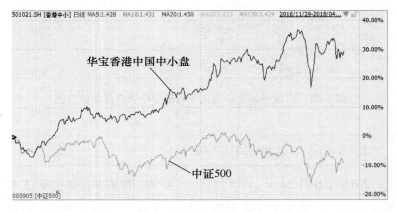

图 5-28　中证 500 和华宝香港中国中小盘走势图

4. 看好汇添富消费行业混合

这是在汇添富消费行业混合 (000083) 单只基金上的操作（见图 5-29）。

5. 买入军工

将消费类基金清仓后，绿巨人果断调入了军工。图 5-30 是 2018 年 2 月 26 日，调入易方达国防军工混合 (001475) 的走势图。

图 5-29　绿巨人调入汇添富消费行业混合走势图

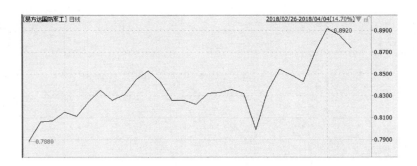

图 5-30　绿巨人调入易方达国防军工混合走势图

绿巨人组合在 2017 年跑赢了各种基金的平均收益，对于一个组合来说，这是相当不错的成绩了，借用绿巨人在 2017 年投资总结里提到的话："绿巨人明年的追求还是跑赢各类基金的平均收益。目标如此简单，实现起来却非常不易，一年跑赢平均的概率是 1/2；两年连续跑赢的概率是 1/4；三年连续跑赢的概率是 1/8。绿巨人毕竟是一个长期投资组合，若能连续五年跑赢平均，概率为 1/32，也就可以成为凤毛麟角了"。

  关注一下这个组合，好好琢磨琢磨，一定能让你的投资功力更上几层楼。绿巨人组合，在且慢 App 上可以直接跟投，跟投的话，以后绿巨人每次调仓都会及时通知你做相应的调仓动作，不用担心错过及时调整的时机。

第六章
风险控制：一眼看透指数基金投资中的"陷阱"和"馅饼"

高收益必然伴随着高风险，风险常像一头易怒难驯的野兽，搅动着资本市场的跌宕起伏。投资指数基金，本质上是投资股票市场，不过因为指数是一篮子股票，相比直接购买单只股票，分散了部分风险。但即便如此，投资指数基金依然需要进行风险控制。投资者需要了解常见的投资陷阱，区别陷阱和馅饼，在规避风险的同时获得更高的收益。

第一节　基金定投的陷阱

随着个人养老账户的逐步完善，基金定投估计会成为普通老百姓主要的理财方式之一，毕竟股权资产的长期收益是最高的，同时波动性也是最大的，基金定投对于普通人而言简单有效。

在大家都说定投好的时候，我反其道行之，来说说定投的不好。这里需要确定的是，定投，其实是用未来的钱投资。如果现在有一万块钱，未来十个月每月投一千，这个叫作分批建仓，不叫定投。拿未来每个月工资的一部分来投资，才是标准的定投。

一、定投的起点与收益

在市场顶部开始定投与市场底部开始定投长期收益有区别吗？

我们可以使用沪深300指数作为数据，分别从2007年市场顶部与2008年的市场底部开始定投，持续十年（见图6-1）。

由于定投每期投资金额相同，高点与低点之间就差不到一年的筹码，相对未来的十年而言占比不大，而且两者在未来九年时间内获取筹码的成本相同，所以最终的定投结果相差不多。

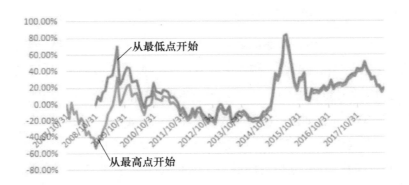

图 6-1 在市场最高点和市场最低点定投的十年收益率比较

二、定投的标的选择

定投大多会有所谓的微笑曲线，但其关键还是定投标的选择。前文已经比较过 2016 年，选择沪深 300 指数定投和选择中证 500 指数定投的结果，收益差距巨大。

如果从 2015 年往前推十年，定投中证 500 指数收益远高于定投沪深 300 指数，但是如果从 2018 年往前推十年，定投中证 500 指数收益基本与定投沪深 300 指数的收益差不多了，或许还低于定投沪深 300 指数。

这是选择指数基金的结果，如果选择一只主动型基金定投，面临的问题更多：基金经理是否会跳槽；基金业绩是否会波动；如果基金规模长期过小，还可能面临清盘风险。

目前市场有近 6000 只公募基金，如何选择定投标的，将是投资者面临的最大问题。

三、Smart 定投的陷阱

由于传统定投策略的缺陷，固定时间、固定额度投资，无法更好地享受市场收益。现在又研发出了很多改进型的定投，例如起初每个月定投 1000 元，如果市场下跌就加倍定投，例如每个月定投 2000 元，如果市场再下跌继续加倍，例如每月定投 4000 元。

但这个策略是建立在确定资金来源的基础上的。不要忘记我们定投的资金来源是我们的每个月的工资。股市是经济的晴雨表，通常经济好的时候工资相对稳定且上涨，经济不好的时候工资稳定性就会出现问题。

我们每个月用于投资的钱是有限的，经济好的时候或许奖金多一些，会有更多的钱投资，但是经济不好的时候，股市通常也不好，还要加倍抄底，谈何容易。

第二节　如何做好投资指数基金的风险控制？

有一句话这样说："钱是赚不完的，却能亏完。"但凡是投资都有风险，指数基金也有自己的风险，但我们不能因噎废食，关键是要把风险控制在最低。那么，如何做好风险控制呢？

一、分散风险

相比单只股票，指数基金是一篮子股票，特别是宽基指数具有分散风险的特性，但很多人喜欢投资多只指数基金，购买几只相关性较弱的基金，建立投资组合，这样能更好地分散风险。

二、 不要用急需的资金投资

投资基金，享受的是长期价值的收益，因此，需要时间的积累，最好用闲钱。如果动用了家庭急需的资金，比如孩子上大学急需的学费、半年后马上要偿还的借款。不管市场行情好坏，投资者因为不能长期等待，只能割肉，自然无法享受价值投资的收益。

三、 选择规模大的基金公司

规模大的基金公司能够消化掉各种费用和大额购买赎回带来的影响，使基金更稳定。而且在规模大的基金公司，通常基金经理的经验更丰富，在主动加被动的投资模式中，跟踪的指数更优质，能享受到更好的收益。

有一些投资者会选择互联网第三方销售平台，却又担心购买平台会影响基金持有。其实，我们购买的指数基金是在基金公司登记注册的，无论是购买的份额还是未来的收益，都不受平台变化的影响。

四、 采用定投规避风险

指数基金不存在 P2P 的跑路风险，也没有永远损失本金的风险。因为指数基金具有永续性，社会的发展和进步，会逐步推动企业前进。但指数基金配置的是一篮子股票,因此有波动性的风险。怎么办呢?

前文一直在强调,定投指数基金,能平滑指数基金的波动,基本不用担心亏损。市场的大方向是在波动向上的,而波动是定投的好朋友,定投指数基金,只用止盈不用止损。

其实定投最好的阶段并不是在上涨中,而是在市场不断走低的时候,这个时候你每月用相同的资金买进的份额更多了,能够非常快速拉低你的整体投资成本。

当然,定投的前提是指数基金在低估值的范围内。如此,可以把最大亏损限制在一个可以接受的范围内,如指数跌30%,定投指数基金浮亏10%,这样,投资者就不太会受市场波动的影响,能淡定对待投资。

五、 定投不能中断

定投中断也属于割肉砍仓。大多数投资者在市场行情不好、股市下跌时,由于恐惧而断投。

指数基金的收益来源,不只来自单只股票的低买高卖,而是全部指数成分股以及整个市场的长期财富上涨。短期的波动只是过程,会被时间平滑掉。只要投资者有耐心,就会迎来上扬的曲线。因此投资指数基金,一定要学会长期持有,至少三年,最好五年、十年,甚至更久。

绿巨人是如何控制风险的?

第六章 风险控制：一眼看透指数基金投资中的"陷阱"和"馅饼"

那就是选择低估指数长期持有，中间也可能会做一些行业对冲操作，例如纳入军工行业以应对市场风险。相对而言，定投指数基金只有短期波动风险，长期少有亏钱风险。只要你用闲钱投资，选定优质的指数基金，长期持有，耐心等待微笑曲线出现，就是盆满钵满的时候了。

第三节 公募 FOF 的阿喀琉斯之踵

我一直认为，在未来，基金组合必胜公募 FOF，因为公募 FOF 多一层费用，这个是硬伤。表 6-1 是 2018 年建信福泽安泰 FOF 的第一季度季报。

表 6-1 建信福泽安泰 FOF 的第一季度季报

序号	基金代码	基金名称	运作方式	持有份额（份）	公允价值（元）	占基金资产净值比例（%）
1	002758	建信现金增利货币	契约型开放式	244409348	244409347.93	16.40
2	003022	建信现金添益货币 A	契约型开放式	244206095	244206095.06	16.39
3	003393	建信天添益货币 C	契约型开放式	233941553	233941553.48	15.70
4	003185	建信货币 B	契约型开放式	90787003	90787003.13	6.09
5	531014	建信双周理财 B	契约型开放式	90164168	90164168.24	6.05
6	110008	易方达稳健收益债券 B	契约型开放式	28684461	36136683.84	2.43
7	000311	景顺长城沪深 300 指数增强	契约型开放式	15618478	31892932.28	2.14

序号	基金代码	基金名称	运作方式	持有份额（份）	公允价值（元）	占基金资产净值比例（%）
8	159920	华夏恒生ETF	契约型开放式	20749700	31622542.80	2.12
9	000577	安信价值精选股票	契约型开放式	10191153	29819314.97	2.00
10	519736	交银新成长混合	契约型开放式	13585311	28420469.80	1.91

其实，第一批公募 FOF 的非货币基金建仓都是在 2018 年第一季度完成的。根据建信福泽安泰 FOF 前十大持仓数据，估计货币类与债券类的占比为 75% 左右，偏股型产品的占比为 25%，以 3 月末基金规模 15 亿元计算，一共买入偏股型基金的量为 3.75 亿元。

表 6-2 是 FOF 的本期费用表，合计费用约为 212 万元，依次计算一年 FOF 费用为 848 万元，如果规模降低费用会相对减少，其实主要费用就是管理费。

表 6-2 当期交易及持有基金产生的费用（单位：元）

项目	本期费用（2018年1月1日至2018年3月31日）	其中：交易及持有基金管理人以及管理人关联方所管理基金产生的费用
当期交易基金产生的申购费	47767.27	—
当期交易基金产生的赎回费	24201.55	
当期持有基金产生的应支付销售服务费	151422.12	150888.75
当期持有基金产生的应支付管理费	1517519.07	698439.14
当期持有基金产生的应支付托管费	388988.67	229008.96
当期交易基金产生的交易费	3146.70	—

第六章　风险控制：一眼看透指数基金投资中的"陷阱"和"馅饼"

需要注意的是，持有基金产生的费用，是根据所投资基金的招募说明书里列明的计算方法对销售服务费、管理费、托管费进行的估算，上述费用已在 FOF 所持有的基金净值中体现，不构成 FOF 的费用。

FOF 规定持有自家基金的部分免管理费，但是持有别家基金的部分 FOF 还要收取二次管理费。

另外需要注意的是，申购费为 4.8 万元，其实这些申购费主要是购买非货币、债券基金所致。以 3 月末基金规模 15 亿元计算，一共买入偏股型基金的量为 3.75 亿元。按此计算申购费（FOF 买其他基金造成的申购费）比例为 1.25/万，看起来不高。平心而论，建信基金非常厚道，基本没有瞎花各种 FOF 买卖基金产生的申购、赎回费用。

很多基金申购费都是规定一次买入 300 万~500 万元以上的费用为每笔 1000 元，4.8 万元对应的是 48 笔，而 FOF 持有的非货币债券基金估计不超过 20 只，说明 FOF 是分批买入的。如果 FOF 规模过小，例如 2 亿元左右，将导致单笔申购基金的规模小于 300 万~500 万元，将会按比例收入申购费……这个费用就远高于 1000 元了。

最后，该 FOF 还支出了 2.4 万元赎回费，说明无论谁赎回基金该交的赎回费是没有折扣的。如果基金规模继续下降，导致被迫赎回基金，估计未来的赎回费都会高于申购费了。

FOF 的价值是什么？

简单说就是有主动型基金管理，即收钱办事，就 2018 年第一季度而言，第一批 FOF 大多都没有跑赢业绩基准，但是还收了管理费与托管费，还有其他费用。

如图 6-2 所示，我们发现 FOF 与基金组合账户本质上没有什么区别，只是在产品形式上有区别。这种形式区别或者法律载体的区别将对投资效率产生什么影响呢？

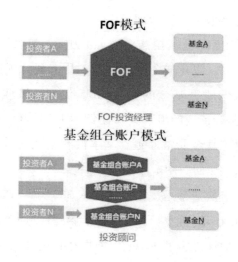

图 6-2　FOF 和基金组合的区别

就 FOF 而言，是将客户的资金汇集进行投资，这种汇集可能引发额外成本，首先就是双层管理与托管费。证监会只明确了投资本公司的基金免收管理费与托管费，没明确是否免收信息披露费、审计费、银行收费等。这些隐形费用估计一年也有近百万元。

如果基金分红，估计银行还要收手续费，记得上证 50ETF 一次分红，仅银行手续费近 150 万元。

除此之外，FOF 如果要进行调仓，以股票型基金为例，基本周期为 T+2 赎回资金到账，T+1 申购确认，整个周期高达 T+3。如果投资 QDII 则周期更长。

相对而言，基金组合账户就不存在双层收费，以及母基金各种隐含费用的问题。最主要的资产还是在基金的账户中，相对投资 FOF，减少了一层委托代理关系。而且，目前很多基金销售平台为投资者转换基金提供"垫资"服务。以股票基金为例，调仓周期从 T+3 缩短到 T+1。

细想一下，还是在股票账户通过投资分级基金、ETF 或者其他可交易的基金份额构建 FOF 效率高，交易成本万分之二的佣金，比打折的申购费低很多。

第四节　借通道投资债券的方法与风险

所谓跨业通道业务，是指商业银行或银行集团内各附属机构作为委托人，以理财、委托贷款等代理资金或者利用自有资金，借助证券公司、信托公司、保险公司等银行集团内部或者外部第三方受托人作为通道，设立一层或多层资产管理计划、信托产品等投资产品，从而为委托人的目标客户进行融资或对其他资产进行投资的交易安排。

债券稳定的收益特性，使很多投资者常希望借通道购买债券，本节就介绍一下借通道投资债券的方法与风险。

一、借有牌照的金融机构的通道

有牌照的金融机构的通道包括三类：

券商资管：定向产品（一对一）。

基金公司（子公司）：专户产品（一对一）。

信托公司：单一信托产品（一对一）。

在 2016 年之前，金融通道业务遍地都是，自从中信建投专户出事[⊖]，还有严查券商通道（某机构违约）之后，严管的口号从"去杠杆化"过渡到"去通道化"，金融机构便很少有做通道业务的了，毕竟得不偿失。

二、私募基金通道

全国具有私募牌照的公司有几千家，做得好也就几十家。有的私募还想靠借给客户通道赚钱。借私募通道，法律关系上是委托人与管理人的关系，就是管理人投资亏了钱，委托人就要认。相当于提前有了君子协定，私募说投资啥投资者就只能服从，投资者没有主动权。而且一些私募私下有很多不合规行为，这也使得私募基金通道有很大的风险。

⊖ 中信建投专户事故：因风控措施缺位导致专户产品的证券账户任性"砸盘"，中信建投基金不止品牌受损，受到上交所、北京市证监局处罚，专户产品备案还被暂停六个月。

第六章 风险控制：一眼看透指数基金投资中的"陷阱"和"馅饼"

更严谨的方法，你不仅是账户的委托人，还是账户的投资顾问，将操作权限归投资顾问的条款写入合同。但私募需要备案，没有投资顾问资格，此路基本不通。

有人说，我自己直接申请一只私募资格不就行了。首先，这想法太简单。私募申请的程序越来越严格，过关就是个难题。假设你过关了，拥有私募资格，接下来欢迎来经历一下"地狱之火"的磨炼。本来你是证券公司客户，拥有私募资格后，你就成了监管层的客户。这两种客户的体验是完全不一样的。除此之外，你还需要办公场地，从业人员数量，常驻法律顾问，审计师等固定成本。另外，还有税收问题：私募基金债券免红利税，关于资产管理产品收增值税的计划还没有落实……

三、升级模式

自带资金的私募基金经理，自己带资金"入职"某只私募基金，当个基金经理，管理的钱都是自己的钱，而且收益还基本免税，但是什么社保工资之类的估计也是自己承担，是不是还需要考一个从业资格呢？

也有一些人认为采取"注册一家公司，可以是有限合伙模式"还比较简单，比上述自己搞只私募的成本要低一些。如果大家非要投资债券，我觉得最好的方式还是后一种，自己注册一家公司，每年最多几千元的运营成本，关键公司的财务 Ukey（电子钥匙）在自己手里面。

第五节　思维陷阱之业绩报酬

美国的投资顾问都是按固定比例收费的，例如每年 0.5%，意味着如果投资者按投顾建议投资 100 万美元，每年需要支付投资顾问 5000 美元咨询费。有人会问，按投资顾问计划亏了怎么办？当然咨询费还是要照付不误。接着马上有人会提出为什么不按后端模式，即业绩提成的模式收费？

按后端模式收费，理由如下。

先付款买理财建议，行不通，因为上来花钱就会痛；没有确定性，我怎么知道你是否靠谱；中国的金融市场没有真正的风险暴露，社会大众没有被真正教育过。

后端收费比较好接受，尤其是阶梯收益，比如不超过 10% 不收费，往上阶梯递增，或者比较基准，超过多少可以计提，依然阶梯递增。使用这种方法，投资人觉得是你多赚的，拿走一些是合理的，易接受；对有能力的管理者来说，也能赚得更多。

但我依然认为这是一个思维陷阱，如何更直接地让大家看到业绩提成模式之罪呢，我专门进行了一个数据测算，这个测算或许有些问题，但是不影响本质。

假设一只基金不收管理费与托管费等其他一切费用，仅提取业绩提成，计算方法是每年收益大于零的部分的 20% 作为业绩提成。问题是这只基金业绩如何呢？我们以沪深 300 指数作为该基金业绩对标，换句话说，这是一只提取业绩报酬的指数基金，我们计算一下客户收益与业绩报酬，如表6-3所示。

表6-3 根据沪深300计算客户收益与业绩报酬（Ⅰ）

年 份	沪深300收益率	客户资产（元）	业绩提成20%（元）
2004		10000	0
2005	−7.7%	9235	0
2006	121.0%	18175	2235
2007	161.5%	41664	5872
2008	−65.9%	14187	0
2009	96.7%	25164	2744
2010	−12.5%	22015	0
2011	−25.0%	16508	0
2012	7.6%	17506	249
2013	−7.6%	16167	0
2014	51.7%	22848	1670
2015	5.6%	23869	255
2016	−11.3%	21176	0
2017	21.8%	24865	922
2018	−6.4%	23277	0
最后	277.3%	132.8%	139.5%

计算结果：假设客户在2004年年底投资该基金10000元，截至2018年6月14日，客户资产为23277元，收益率为132.8%，业绩报酬合计提取13950元，为期初客户资产的139.5%，同期沪深300指数累计涨幅为277%。

马上会有人站出来质疑，不能正收益就提取业绩报酬，必须要设一个基准，例如：收益率超过6%，提取超过部分的20%作为业绩报酬。这是一个好建议，我们再来计算一下，结果如表6-4所示。

表 6-4 根据沪深 300 计算客户收益与业绩报酬（Ⅱ）

年　份	沪深 300 收益率	客户资产（元）	业绩提成为大于 6% 部分的 20%（元）
2004		10000	0
2005	−7.7%	9235	0
2006	121.0%	18286	2124
2007	161.5%	42138	5689
2008	−65.9%	14348	0
2009	96.7%	25622	2603
2010	−12.5%	22416	0
2011	−25.0%	16808	0
2012	7.6%	18026	52
2013	−7.6%	16648	0
2014	51.7%	23727	1520
2015	5.6%	25052	0
2016	−11.3%	22226	0
2017	21.8%	26364	701
2018	−6.4%	24680	0
最后	277.3%	146.8%	126.9%

计算结果：假设客户在 2004 年年底投资该基金 10000 元，截至 2018 年 6 月 14 日，客户资产为 24680 元，收益率为 146.8%，业绩报酬合计提取 12690 元为期初客户资产的 126.9%，同期沪深 300 指数累计涨幅为 277%。

为何两次模拟的计算结果相差不大？因为收益主要集中在 2006 年、2007 年、2009 年、2014 年、2017 年这五个年份，收益率都是在 20% 以上，尤其在 2006 年、2007 年收益率超过 100%，减个 6% 也没什么影响。再重复一遍，收益都是市场给的，那个叫贝塔收益,哪来那么多阿尔法。

据说如果沃伦·巴菲特按照2%和20%的标准向伯克希尔公司的投资者收费,那么在过去的42年里,在他的公司为股东赚取的620亿美元中,其中有570亿美元归他所有。

总之,相对而言,没有业绩报酬的公募基金更适合长期投资!

第六节　分级基金大结局之清盘方式的猜想

2018年4月27日晚,央行、证监会、银监会、外管局联合发布了《关于规范金融机构资产管理业务的指导意见》,《资管新规》最终版终于问世。

《资管新规》关于分级基金的表述,从征求意见稿的"不得展期"变为"不得存续",相信大家对这两者之间的不同的含义应该十分清楚了,"不得展期"就是老分级还可以存续,"不得存续"就是老分级都必须"清盘"或者"转型"。

大家都知道分级基金不仅有母基金,还有A份额与B份额,A、B份额不仅有基金净值还有交易价格。但无论"清盘"还是"转型"都需要一个基准,通常大家会认为按净值"清盘"或者"转型"最为合理。

对于折价的分级A份额而言,意味着两年之内可以按净值清算获取折价收益。

例如交易价格为0.8元的A份额到期可以按净值1.00元结算,收益率为25%;对于溢价的分级B份额而言,意味着两年之内按净值清算将导致溢价消失造成亏损，例如交易价格为 0.3 元的 B 份额到期只能按净值 0.1 元结算，亏损率为 67%。

在这种思维定式之下申万菱信深证成证分级进取（150023）的惨案就发生了，它没有下折条款，导致净值为 0.1 元的份额拥有 10 倍杠杆，所以 B 份额溢价高达 250% 左右。《资管新规》对分级基金的折溢造成巨大影响，这种影响在折价最大的 150022 与溢价最大的 150023 上面体现得最为激烈，如图 6-3 和图 6-4 所示：

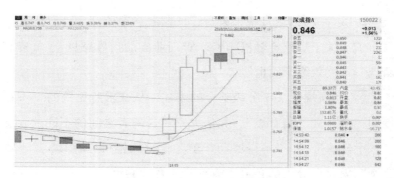

图 6-3　150022 在三个交易日内涨幅超 15%

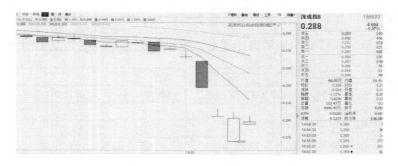

图 6-4　150023 在三个交易日内连续跌停

第六章 风险控制：一眼看透指数基金投资中的"陷阱"和"馅饼"

到底分级基金的结局如何？将采用什么样的清盘方式呢，不妨来猜想一下。

一、按基金净值"转型"或者"清盘"

这个通常是大家首先想到的方式，当然也是最有利于（折价的）A份额，不利于（溢价的）B份额。随着分级基金投资门槛上升到30万元，导致分级B份额投资者人数骤减。

即便150023的投资者吃了两个跌停，也仅看到部分投资者发帖泄愤而已，并没有发生什么群体事件。这个也再次证明了，在中国，提高投资门槛是控制风险的最有效方式，但是终究不是一个公平的方式。

二、按交易价格"转型"或"清盘"

交易价格是投资者买卖行为的结果，交易价格其实更能反映A份额与B份额在当时市场情况下的价值。或许按基准日交易价格转型或者清盘对于A、B份额的投资者而言更公平。

但是按交易价格转型或清盘存在一个问题，就是分级基金通常存在整体折溢价，例如A份额价格、B份额价格之和并不一定等于两倍的母基金净值。由于市场的有效性，基金整体的折溢价通常在较小范围内。

若按交易价格转型或清盘时，A、B份额的交易价格和相对两倍母基金有差异的时候（差异可以为正或者为负，差异由 A、B 份额共同承担即可。由此可以降低《资管新规》对于分级基金造成的影响，有利于分级基金的平稳过渡。

第七节　为什么回测数据通常不靠谱？

在投资中，我们经常会冒出个想法，然后会自己或者安排同事来回测一下，而且回测效果通常不错，但如果将这个想法用于实际投资，效果 99% 不如回测效果好，为什么呢？

关于"为什么回测数据通常不靠谱？"有几个阶段的不同层次的认识。

一、初级回测

我们刚参加工作的时候，因为对市场认识有限，通常没有什么想法，大多帮助领导回测。

在这个时候，我们在回测假设参数中会忽略很多细节问题，例如，对交易费用（佣金、冲击成本等）、涨跌停板（无法买到股票或者卖出股票）等没有深刻的认识，所以回测的结果非常好。但在实际中会出现各种各样没有考虑到的问题导致策略的失效。

二、高级回测

随着对市场有所了解后，我们的编程水平也逐渐提高，这个时候回测的质量会非常好。

一般此时自己也开始有各种想法了，但是在各种回测之后，策略进入实盘，通常也不如回测结果好。这时我们开始反复检查回测代码与数据，将回测的逻辑与各种情况细致考虑之后，再进行实盘投资。但总是感觉还有地方出了问题。

此时我们经常看别人的回测数据，能准确发现他们的错误，但自己却进入职业生涯的瓶颈期。

三、过不去的结

在 2015 年之前，大多数的绝对收益策略，都是看多中证 500 或者创业板，看空沪深 300，结果效果还不错。

现在我们又会有新的想法，就是看多上证 50 或者沪深 300，看空中证 500，而且使用过去三年数据回测一下，也会有非常稳健的绝对收益。

但同时你或许会发现一个我们过不去的结：我们现在的想法中包含历史数据中的信息，而且这些信息还无法剔除，因为你天天看市场，且天天复盘。

也就是说，我们是看了市场过去的底牌之后，再回到历史中跟市场玩牌，能不赢吗？如果经历市场的各种情况之后，你的回测数据还没有跑赢市场的话，那一定是你智商的问题了。

我们的想法是基于大脑对过去市场经验的总结的，过去的经验未来一定有效吗？答案是否定的，否则谁还会炒股赔钱呢？

既然回测数据通常不靠谱,那回测就没有用了吗?也不是,回测可以有效提高我们对历史数据的学习深度,关键词"深度"。

作为投资者,我们像是生物型的人工智能,人工智能靠什么学习?数据。我们靠什么学习,也是数据。基于不同深度的信息,学习的结果是不一样的,这个就是回测数据的深层意义。另外,策略回测虽然无法解决策略未来盈利的问题,但至少可以检验策略的稳定性。

第八节 港股的下跌是机会还是陷阱?

2018年10月1日,港股休息一天后,连续交易三个交易日恒生指数跌幅为4.19%,国企指数跌幅为4.27%,标普香港中小盘指数的跌幅为3.42%。恒生指数基本将国庆之前的涨幅都跌没了,恒生国企指数与标普香港中小指数将国庆之前的涨幅跌了2/3。

表面原因还是美元强势,而且美国国债期货又跌了不少,暗示美元利率上涨,强势美元再加上加息趋势,估计全球的资本会继续回流到美国。那么,港股的下跌是机会还是陷阱呢?

一、 港股的估值

恒生国企指数的PE为8.68,PB为1.0左右,这个估值水平相比沪深300指数还是有一定优势的。而且恒生国企指数在修改编制方法之后,已经将腾讯控股与中国移动纳入成分股,目前腾讯的权重为5%,预计2019年之后权重可以到10%,如图6-5和6-6所示。

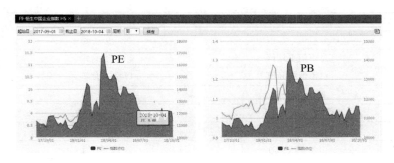

图6-5 恒生中国企业指数 PE、PB 与点数对比(2018.10.1)

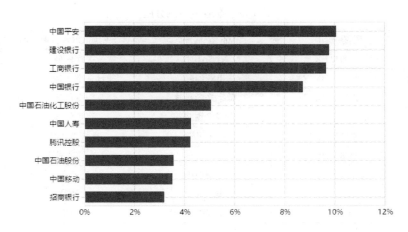

图6-6 恒生国企指数成分股权重

标普香港中小指数对标的是中证500指数,截至2018年6月,香港中小成分股平均市值为296亿港元,折合人民币220亿元左右,中证 500 指数成分股的平均市值为 160 亿元,如表 6-5 和表 6-6 所示。

表 6-5 标普香港上市中国中小盘信息

成分股最大总市值	1548.32 亿港元
成分股最小总市值	28.79 亿港元
总市值平均值	296.58 亿港元
总市值中间值	174.74 亿港元
成分股个股	192 个
最大成分股权重	3.2%
前十成分股权重合计	22.2%
市盈率(PE)	12.91 倍
市净率(PB)	1.53 倍

表 6-6 香港中小成分股

证券代码	证券简称	所属 GICS 行业
01093.HK	石药集团	医疗保健
02313.HK	申洲国际	非日常生活消费品
02382.HK	舜宇光学科技	信息科技
01177.HK	中国生物制药	医疗保健
02319.HK	蒙牛乳业	日常消费品
00384.HK	中国燃气	公用事业
01918.HK	融创中国	房地产
00291.HK	华润啤酒	日常消费品
01044.HK	恒安国际	日常消费品

截至 2018 年 6 月,标普香港中小盘指数的 PE 为 12.91 倍,PB 为 1.53 倍,相对中证 500 指数的 PE 为 19 倍、PB 为 1.7 倍而言,估值具有一定的优势。

二、科技股的问题

大家都会问绿巨人是否配置科技股,当然这个是非常好的问题。绿巨人没有配置科技股概念的基金,但是在恒生国企指数里面中国平安与腾讯控股都自诩为科技股。

在标普香港中小盘指数中的医药股与信息技术股其实也都是科技股票,还有就是军工股票本身就是科技股票,当然也有人对此持反对意见。

三、陷阱与馅饼

2018年国庆节后,上证综合指数相比近期高点跌了将近50%了。无论是美国股市历史还是日本股市历史上,在这个位置长期投资基本都会赚钱。

2018年10月4日晚美股大跌,但是之后跌幅收窄,道琼斯跌0.75%,纳斯达克跌1.81%,标普500跌0.82%,十年期美国国债利率上涨对于股票的估值也会有一定影响,导致全球市场的股票下跌。

港股下跌,是陷阱,也是馅饼,未来无法预测,唯有随时观望,等待时机。

投资日志:绿巨人重仓基金之标普香港中小指数

2018年6月5日,基金市场最热话题是六个独角兽CDR基金，管理费率都是 0.1%，托管费率为 0.003%，总的来说在费率方面非常良心，而且低费率有助于避免这些基金上市之后折价。这些基金的投资价值取决于 CDR 发行时候的估值水平，但是现在中国市场估值比美国市场还低，或许是一个不错的时机（见图 6-7）。

图 6-7　标普香港中国中小盘指数走势图（2018.6.5）

绿巨人组合起初持有 30% 的标普香港中小盘指数，20% 的恒生国企指数，后来为了稳健，将恒生国企指数的仓位提升至 30%，标普香港中小盘指数降低到 20%，另外还有 10% 左右的 AH50 基金。突然有一天，我们发现标普香港中小盘指数创新高了，但国企指数距离创新高还很远，只能说将 10% 的标普香港中小盘指数换成恒生国企指数这件事是错误的，这点我必须诚实地坦白。

绿巨人是用标普香港中小盘指数替代中证 500 指数的，因为大家都是中小盘指数，而且港股还便宜！标普香港中小盘指数绿

第六章 风险控制：一眼看透指数基金投资中的"陷阱"和"馅饼"

巨人已经持有很长的时间了，这只基金是为绿巨人贡献收益最多的基金（见图6-8）。

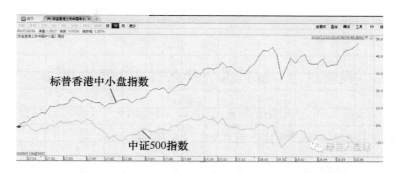

图6-8 标普香港中小盘指数和中证500指数走势图对比

从2017年年初到2018年6月一年半的时间里，标普香港中小盘指数大幅跑赢中证500指数。我们再来看标普香港中小盘指数成分股的表现（见表6-7）。

表6-7 标普香港中小盘的成分股指标

证券简称	占净值比（%）	PE（TTM）	PE（预测）	PB（LF）
舜宇光学科技	3.04	50.6288	34.8534	19.617
石药集团	2.85	53.3495	44.7273	10.5936
蒙牛乳业	2.25	45.8491	30.2009	4.1537
中国生物制药	2.15	56.2214	49.5485	6.6193
融创中国	2.01	10.9021	8.0282	2.7388
中国燃气	2.01	31.079	29.4047	7.6107
申洲国际	1.68	32.2762	26.0211	6.1896
华润啤酒	1.63	85.0479	51.0189	5.4249
恒安国际	1.62	20.8626	18.9585	4.9144
华晨中国	1.48	14.6294	8.9892	2.4138

前10大重仓股合计权重占比20%，指数构成比较分散，而且都是明星股票，看起来比那些中证500指数的成分股更有担当，因此，绿巨人选择继续持有标普香港中小盘指数。

投资日志：绿巨人凭什么有这么好的业绩

绿巨人创立于2016年5月27日，到2019年9月6日时，累计收益35.74%，年化收益9.8%（见图6-9）。

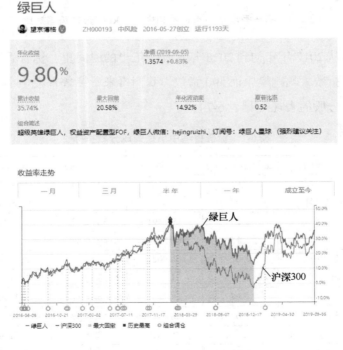

图6-9　绿巨人三年的投资走势图

第六章　风险控制：一眼看透指数基金投资中的"陷阱"和"馅饼"

一、绿巨人与偏股型基金比较

选择偏股型基金（股票型与偏股型）作为样本，合计1088只基金。2017年、2018年两年绿巨人平均收益20%；累计收益38.8%，排名为200位（样本1088只），排名百分位18.38%；绿巨人年化波动率仅为11.57%，在所有偏股型基金中处于绝对低位。

2018年以来绿巨人收益为5.99%。我们选择偏股型基金（股票型与偏股型）作为样本，合计1589只基金，2017年5月26日到2018年5月26日，一年平均收益-2.65%；绿巨人2018年以来收益排名第126位（样本1589只），排名百分位7.93%。绿巨人的业绩很稳定，长期排名比短期排名更高！

二、绿巨人与FOF指数比较

如图6-10所示，是绿巨人和工银股混的走势图比较。

工行定制的中证工银财富基金指数系列基于基金公司、基金产品、基金经理三个维度构建综合评价体系，从股票型、混合型、债券型、货币型公募基金中选取综合得分最高的基金作为指数样本，为市场和投资者提供更丰富的基金投资标的。其中的工银股混FOF指数目前由27只股票型基金与混合型基金构成。

这两年中，我用了特殊的两招优化组合。

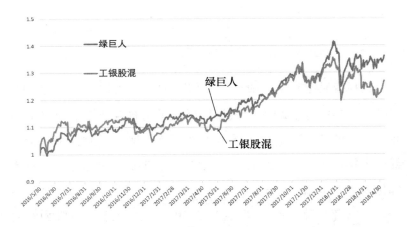

图 6-10 绿巨人和工银股混的走势图

1. 用行业主题基金代替行业指数基金

我一向崇尚指数基金，在 2017 年 2 月份的时候，将组合里的行业指数基金换成了行业主动型基金，我认为"在单个行业中优选股票或许相对容易一些"。当然，我依然崇尚指数基金，对于普通投资者来说，如果没有专业的知识，择股的风险很大，除非你对行业十分了解。

2. 用低估值的同类指数替代

比如，在沪深 300 和中证 500 的选择上，我用了估值更低的恒生国企指数和香港中小企指数做替代。

事实上，现在再回过头去看，正是这两招，在绿巨人的业绩推动上，起到了非常重要的作用。

第七章
理性投资的深度思考

"如果你爱她就带她到纽约,因为那里是天堂;如果你恨她就带她到纽约,因为那里是地狱。"这句话常被投资者拿来调侃股市,股市是天堂也是地狱。很多投资者是在牛市入市,短时间就获得了较高收益,便以为自己具有很高的投资天赋。但A股市场牛短熊长,很快就遭受重创,于是便觉得股市是地狱,再也不敢投资。股市的震荡,给了理性投资者更长久的留存理由和长久的收益之方。普通投资者要想在股市里获得长久收益,就必须学会理性投资。

第一节　市场迷茫中的确定性

2018 年 2 月 24 日，有位同事问我：美股的标普 500 与 A 股的中证 500 目前 PE 都是 25 倍，如果让你选择，你会选择哪个？

很多投资者都会跟历史数据相比，标普 500 是历史高点，中证 500 是历史低点，所以应该投资中证 500。

但如今世界变化速度之快已经超乎所有人的想象，历史的经验还会有效吗，尤其那些人尽皆知的经验，在股市里就变得更加缺乏指导意义。

在我们父母那代人的心目中，中国最大企业无非是工商银行、建设银行、中国移动、中国石油之类的传统垄断企业。这些企业现在市值基本都是万亿元左右，但是阿里巴巴与腾讯的市值已经在四万亿元左右了。如果说中国石油、中国石化垄断了油气能源行业所以市值在万亿元左右，那么四万亿元市值的阿里巴巴与腾讯又垄断了什么呢，那就是你宝贵的时间，以及衣食住行。未来或许没有中型企业，只有巨型企业与小微企业，还有我们这样小小微的绿巨人。

2018 年年初，绿巨人的持仓还主要是恒生国企指数，指数的成分股主要是银行、保险，以及未来会纳入的中国移动与腾讯。

为什么我偏爱这个指数？

以前，去工商银行之前都需要做好心理准备，排队一两个小时。但现在，牡丹交通卡丢了（生活在北京的都知道，这是个跟驾照绑定缴罚款的信用卡），必须去工商银行了，结果出乎意料地在不到五分钟之内办完了。为啥如此之快，因为客户在到柜台之前已经被大堂经理分类处理了，小额存取款以及那些打存折的老人们都到自助机上处理业务了。国企改革起来，效率提升也能如此之快。保险行业也是如此，现在全民保险意识越来越高了。

面对市场未来的走势，大多投资者都是一片迷茫。但迷茫中也有确定性，这个确定性就是投资低估值的指数，2018年2月底，市场估值最低的指数估计就是恒生国企指数了（PE9，PB1），如表7-1所示，香港中小也是非常不错的投资标的，成分股有中国恒大、吉利汽车、瑞声科技。如果不相信择时，就可以采取低估值指数轮动策略。

表7-1　几大指数的各项估值指标

名称	本周涨幅	本年涨幅	PE	PB	ROE	股息率
上证指数	2.81%	-0.55%	15.55	1.67	10.99%	1.87%
上证50指数	2.97%	3.38%	12.05	1.41	11.65%	2.67%
中证1000指数	2.17%	-9.28%	—	—	—	—
中证500指数	2.48%	-5.65%	27.1	2.3	9.32%	0.90%
中小板指数	2.80%	-3.57%	31.89	4.13	13.36%	0.81%
创业板指数	1.34%	-4.78%	39.23	4.15	10.69%	0.60%
沪深300指数	2.62%	1.00%	14.52	1.7	11.83%	2.05%
道琼斯工业指数	-0.94%	0.98%	24.67	3.96	16.05%	2.40%
恒生国企指数	1.59%	8.76%	9.35	1.05	11.23%	3.40%
恒生指数	0.49%	4.51%	13.19	1.36	10.31%	3.24%
纳斯达克100指数	-0.49%	5.71%	32.22	5.17	16.05%	0.97%
标普500指数	-1.00%	1.14%	—	—	—	—

大多数人的资产配置都是基于"预测未来什么涨得多，就买

什么"的逻辑。预测通常不靠谱,但我们又没有其他的好方法。投资者无法改变这一趋势,只能看听谁的预测了。

一、 主动推荐型

所谓主动推荐型,他们的策略是什么产品销售提成高就推荐给你什么。就算这个层次也有好几档,首先大型金融机构的产品准入门槛比较高,第三方理财准入门槛就低很多,传销模式更是没有底线。他们还有一个共同特征都是主动给你推荐产品,面对这样的推荐,必须要用专业知识识别,否则大概率会掉进坑里面。

二、 被动咨询型

很多投资者喜欢询问身边有专业经验的人。但在中国人思维模式里,如果听取别人建议而取得成功,那是自己决策英明,采纳了好的建议;如果听取别人建议遭遇失败,那都怪给提意见的人。因此,被动咨询,通常并没有好的结果,问意见的不重视意见,给意见的就没有积极主动性,所以,免费的总是最贵的。

三、 主动被动型

绿巨人模式就是主动被动型。绿巨人组合的初衷,就是想要一直喜欢免费咨询又不重视意见的人跟投即可,用实践来证明意见。

以上三种"投资顾问"模式,就是"市场迷茫中的确定性"。市场未来走势总是无法确定的,否则大家直接上杠杆,估计没几年就能超过李嘉诚。市场是迷茫的,但是选择什么样的投资顾问就会有什么样的结果是确定的,这就是市场迷茫中的确定性。

这里再强调一遍:作为投资者,当别人给你推荐金融产品的时候,需要学会问几个问题:他的推荐动机是什么?推荐的产品到底如何?他说这个产品好,但是他自己投了没有?

第二节 投资基金的目的是尽可能多赚钱吗?

投资的目的是什么?大部分人会说:"尽可能多赚钱。"但在我看来,投资的目的是提高生活质量。当你开始投资,有意识地拿出一定数量的钱,是因为有理由相信它们在未来会升值——今天的一点付出换来明天更多的收获。所以成功的投资是家庭走向更好生活的通行证。

这意味着,你无须等到攒出一大笔钱才去投资,但需要遵循定期投资的原则。多年来我经常听到有人说每个月存点钱毫无意义,它们难以积少成多。这其实是你投资中犯的第一个也是最大的错误。正如我们看到的,不论开始的投资多么微小,时间都可以为它带来价值的奇迹。

我相信当你对自己的投资能力越有信心,你就越会攒钱投资,而不是白白花掉。你的投资能力越强,达到任何特定财务目标所需的时间就越少。在当今环境里,银行几乎不支付利息,可以确信除非你的投资有利可图,否则你的财富无法增值,你也永远不能获得想要的生活品质。

一、你需要有一份计划

理财计划是根本,不可或缺。计划需要包括以下内容:你现在有多少钱,你现在和将来需要多少钱,在投资中你试图达到怎样的结果。

好的理财计划无须复杂,但一定要考虑周全。

1. 你收入多少

这份计划首先要计算你的家庭收入,以及在今后的几年里,扣除税收、保险和其他扣减项后收入还能有多少。

2. 你支出多少

首先是必需品,比如食品、住房成本(抵押贷款或租金)、水电费用和人寿保险,其次是非必需品,包括出去吃饭、娱乐和度假的花销。

3. 你可以投资多少

一旦你厘清基本的收支,下一步就是估算现在需要投资多少以及投资多久,从而达到你想在未来获得的收益。

二、未来可能的通货膨胀率

通货膨胀是任何进行储蓄和投资的人都会遇到的重要潜在风险之一。即使通胀率像在过去几年中那般温和,它还是能迅速腐蚀你的购买力。优秀投资的一个基本原则是只有你的投资至少跑赢生活成本,那么才能变得更富裕。

三、潜在收益率

如果你不清楚可能获得的潜在收益率是多少,那就无法知道需要投资多少。简言之,投资者必须考虑四类主要的资产,它们各具特色,能够组合形成各种明智的投资策略。你可以自行直接投资它们,也可以选择专业管理的投资基金。这四类资产是:权益资产(通俗来讲是股票)、债券(固定收益证券)、房地产、现金,这四类资产长时间内的历史收益率都很高,如表7-2所示。

表7-2 各类资产扣除通胀率后的长期收益率

(截至2014年12月31日)(单位:%)

资产类别	10年	20年	30年	50年
股票	4.1	4.6	6.2	5.4
债券	3.7	5.1	5.2	3.1
商业地产	2.7	5.6	5.6	—
住宅地产	-0.3	3.6	2.4	—
指数挂钩债券	3.5	4.4	3.9	—
短期国债(现金)	-0.7	1.1	2.5	1.5
建房互助协会	-1.5	0	1.3	0.8
扣除通胀率	3.1	2.9	3.5	—

表7-2列示了各历史期限内不同资产的年化收益率。乍一看这些数字似乎非常小。但这是剔除通胀后的收益率,而且是每一类资产的长期年化收益率,没有显示长时期内温和通胀率的复利作用(商业地产和指数挂钩债券没有长期数据,它们的历史期限较短)。

该表统计了股票、债券、房地产和现金在不同期限(数据截至2014年12月31日)的年化实际收益率。虽然股票收益率一般最高,但短期内它们的波动率也更高。另外在过去20年中,债券的收益率一直好于各类资产的长期平均水平,但接下来的20年里,这种情况恐怕难以持续。

其实最神奇的是复利的作用,在第五章有一个复利计算表(见表5-1)。通过那个表格我们发现,在适度的收益率下,即使只投资少量金额,但随着时间的积累,仍然能够获得较多收益。

复利的作用告诉我们,任何人只要坚持投资就可以收益颇丰。需要注意的是:复利对收益率的作用与时间期限不成线性比例;投资正确的资产对你的财富有显著影响;像股票和房地产这类风险资产往往会随时间的增长获得最高收益,但不是在任何时期都能如此持续。

四、 全面看待你的财务状况

很多人往往会把房子、养老金、投资资产和现金储蓄看作独立的"篮子",却忽视它们是一张蓝图中的各个组成部分。每一个不同部分都有不同的税率和风险特征,这固然需要考虑,但现实中如何权衡所有的钱决定了你投资目标的实现情况。

大多数人都希望拥有属于自己的房子，于是为房子倾其所有，失去了更多的投资机会。对于主动型的投资者最大问题主要是在股票、债券和现金之间如何分配。债券和现金的收益通常较低但更稳定，而股票和房地产的历史收益率最高，还被称为"真实资产"。但更高的收益率是以更高的波动率为代价的，即它们本身具有更高的风险，必须要根据自己的情况制订抗风险措施。

另外需要重视的是长期平均值仅仅是平均值。四类主要资产的收益率在不同时期都会有差异，收益排名也会不断变化。

最后需要说明一点，收益的多寡很大程度上取决你何时开始投资，以及你在购买该类资产时是相对便宜还是昂贵。如果买得越便宜，随着时间的推移，它们的业绩可能越好。如果买贵了，那么很有可能表现不及历史平均水平。

尽管无法保证未来的收益率与历史的收益率类似，如果投资风格充分保持一致，那么一般在投资的起始阶段，用历史平均值代替其未来可能的收益则合情合理。如何评估金融资产的价格合理性是投资者所面临挑战中重要的一环。如果采用定期投资，比如按每月定投的方式投资，那么资产的估值则不再如此重要，因为时间会拉低投资成本。

五、 不要忘记成本

任何一种投资都必有成本。成本越高，就越要把投资做好才能盈利。投资者明确所承担的费用至关重要。

六、全局考量

随着时间的推移,你的投资能获得多少收益取决于扣除税收和成本后的投资收益,而你拿它能干什么又取决于是否战胜了通货膨胀。你的目标就是在考虑税收、成本以及风险(另一重要因素)后,将实际投资收益率最大化。

只有通过特定的分散化投资才能降低风险,就是说要将你的投资标的延展到更多的资产。同时,不论为什么投资,都要规划好这项投资的最短期限,我建议是五年,在理想情况下期限可能还要更长。

考量所有因素之后,你就能规划出所需要的金融投资蓝图和投资期限,从而有可能在将来实现你的财务目标。

一旦你做出了投资规划,那么接下来的挑战就是如何让你的投资尽可能达到所制定的投资目标。这就靠基金和投资平台了。

第三节 表面钱生钱,实际钱吃钱?

钱真的生钱,不信你看银行存款利率2.5%,年初存10000元年底得到10250元,这不就多出来250元利息吗?

但我们忽略了一个问题:年初的10000元与年底的10250元哪个更值钱?或者说哪个更具有购买力,2016年,北京的房价几乎涨了50%，好久不吃泡面了，发现康师傅也涨价了……几年前还是1.5元，现在是4.5元了……

例如，1981年M2[⊖]货币余额为9000亿元左右，2018年M2总规模达到182.70万亿元，M2规模在过去37年时间里增加了200多倍，按照这个货币贬值速度，1981年的5元钱应该相当于2018年的1015元。

从2006年到2015年，10年GDP数据增长迅猛，2006年，GDP为217657亿元，到2015年，已经增长为676708亿元，十年间，中国GDP提高了200%。

其中增速最快的就是2012—2016年这五年，实际增速分别为7.9%、7.8%、7.3%、6.9%和6.7%（见图7-1）。

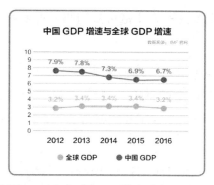

图7-1 中国GDP和全球GDP增速对比（2012—2016年）

⊖ M2：广义货币（Broad money），是一个经济学概念。M0、M1、M2、M3都是用来反映货币供应量的重要指标。货币（M0）=流通中的现金，即流通于银行体系之外的现金；M1反映着经济中的现实购买力；M2同时反映现实和潜在购买力。狭义货币（M1）= M0 + 企业活期存款；广义货币（M2）= M1 + 准货币（定期存款 + 居民储蓄存款 + 其他存款）。

作为依靠工资生活的工薪阶层，或许你会深刻地体会到你现在的财富都是这五年积累起来的。富有或者贫穷就看这五年，因为这五年是工资涨幅最大、房价涨幅最大的五年。

换个角度，假设我们在五年前退休了，错过了黄金五年会是什么样子？所以，有时候我们会恐惧，如果GDP还是如此快速地增长，等我们老了世界会是什么样子。好在这些势头都得到了缓解，但是钱越来越不值钱的趋势是无法改变的……表面钱生钱，实际钱吃钱。

面对"钱吃钱"现状，人们期望保卫自己的财富。似乎唯一的方法就是让钱生钱的速度要高于钱吃钱的速度，换句话说就是投资收益率要高于通货膨胀率。另外通过投资或许可以发家致富，不是有那么多投资天才富可敌国吗？但实际上不是那么多，仅有几个。

事实却如此不堪，将我们梦想破灭。无论投资股票还是基金，基本上70%以上的投资者都是亏钱的。我们的初衷是捍卫自己财富，但结果是加速了我们财富的灭亡，还不如去消费、旅游、购买呢。

我们以华安上证180ETF（510180）为例，这只基金成立于2006年4月。根据上证180ETF的净值曲线我们发现，在2006—2017年之间，我们随便选择一个时点买入并持有这只基金，赚钱的概率为85%，当然这个假设是我们进入市场时间是随机的（见图7-2）。

但事实却与此相反，估计80%的投资者都是在2007—2015

第七章 理性投资的深度思考

图 7-2 上证 180ETF 复权净值曲线

年的牛市中进入市场的,这便是造成投资者"一赢两平七亏"的本源。在扣除所有相关费用之后,180ETF 十年复合收益率基本为 12% 多,这是 2018 年年中的状态,但能达到这个水平的投资者寥寥无几。

不仅仅是基金,如果想在一只股票上赚钱也是难上加难的事情。引用韭菜社区的文字与图片"一只股票在大牛之前要熊过多少次?牛股不是你买了就有本事一直持有的,只有很少的时间在创新高(见图 7-3)"。

有时候我想,股票市场上涨行为简单点,每天只涨 0.05%,每年稳赚 20% 多好。为何要不停地上蹿下跳,使赚钱的人少之又少?这大概是天方夜谭了。

有人说,买了不动不就行了。话是不错,可说起来容易做起来难啊,我们本来就是来赚钱的,必然会每天沉迷于赌涨赌跌之中不可自拔,这种感觉太刺激了,多巴胺随着交易或者说交易费用而分泌。我们不过是折腾自己而已。

263

指数基金投资日志

图 7-3 一只股票大牛之前熊过多次

第四节　基金投资为何越勤奋亏钱越多呢?

作为一个普通投资者，在开始学习基金投资的时候，通常是越勤奋亏损越多（或者相对收益越低），导致投资者陷入无尽的困惑。为何越勤奋亏钱越多呢?

一、失败是成功之母

学习的过程就是一个试错的过程，例如爱迪生发明电灯经历数千次失败一样，如果你明白这个道理就知道为何越勤奋亏钱越多了。

在我们尝试各种选择基金的方法时，估计有很多都是不正确的，还有很多方法我们并没有掌握要领，结果就是亏钱。

最有效的做法就是归纳总结，简而言之就是比较，有了更多失败的投资经历之后，我们可能知道什么样的投资方法是有效的。

学习是需要坚持的，但是多数人都半途而废。例如，在美国最畅销的书籍也是有关"投资买房""投资股票"与"投资基金"的。但是"投资基金"类图书的读者相对前两种却少之又少，中国也是如此。投资者常轻视基金投资。

一本好的投资相关书籍，会有成千上万的读者，按理说这些读者学习后都应该进步，但结果恰恰相反。

人们对于符合自身逻辑与自身价值观的东西，学习的速度十分迅速，往往觉得书中的内容非常有道理，但这种学习通常是无效的，因为根本对自身逻辑与价值观没有任何影响或者改进。

其实那些跟自己逻辑与价值观不符合的才是更有借鉴意义的，任何问题都需要从多个视角进行分析，得到的结果才能更接近事实。

例如，针对美国原副总统彭斯接受副总统提名时的演讲，业界会有不同的看法，哪种分析才是客观的呢？对于乐观主义者，彭斯的演讲是为拉选票；对于悲观主义者，彭斯的演讲是冷战的序幕。我们不要急于下结论，而是应该思考如何面对两种不同的结果。这样我们才不会被动。

二、 交易费用导致亏损

在学习基金投资初期我们会有各种各样的思路，所以就会有各种各样的操作，导致交易频繁，交易频繁又会导致交易费用的高企。

关键是，尝试很多方法之后导致亏钱的原因，到底是这些方法是错误的，还是交易费用？大多数人完全忽略了这个问题，有些人意识到这个问题，但是无从分析，最终往往不了了之。

相对股票投资而言，基金投资要复杂很多，因为在不同人心目中都有对好公司的清晰定义，例如腾讯、阿里巴巴。但是基金就复杂很多，尤其是指数基金，涉及各种指数的编制方法，以及价格指数与全收益指数两者的区别。

此外,就是数据的问题,对于同样数据不同的计算方法会有不同的结果,不同的方法又有不同的前提假设。例如,对于超额收益阿尔法的计算就有七种方法,如果一篇文章统计了某只基金的超额收益,但是没有给出计算方法,从专业角度则无从得出这只基金业绩到底如何。

在市场顶部开始定投与市场底部开始定投有什么区别吗?

估计对于这个问题,大多数的人回答是在市场底部开始定投的收益高,如果定投期限是一两年的话,这个答案是正确的,但是如果将定投期限拉到十年之后,这个答案就不对了。

所谓定投就是定期定额,无论是从市场顶部开始定投还是从市场底部开始定投;因为市场底部与顶部就相差半年多时间,如果在十年期限的角度,大多数定投筹码的成本是一样的。

如果在市场底部一次性多投一些,投资收益会更高,但是我们又无法预测什么时候是市场底部,如果市场从高点已经跌了50%,这个时候重筹押注或许利好未来。结果大家又会有各种优化的定投模型,开始各种尝试……

三、自己搞策略真的很累

自己学习投资策略真的很累,而且不容易见效。那该如何解决投资的问题呢?

但凡有十年以上资产管理经验的人,在基金投资的时候,都会选择指数基金，因为指数基金费率低。但是后来发现，美国普通投资者也喜欢指数基金，难道是美国人更聪明？其实美国人在投资之前都咨询过自己的投资顾问，美国的投资顾问与中国所谓的投资顾问完全不同。

有什么不同呢？如果你思考明白下面这个问题就会有答案了。

如何让你的投资顾问不是只在口头上"以你的利益至上"，而是打心底里面"以你的利益至上"？或者这个问题可以这样问：如何找到打心底里面"以你的利益至上"的投资顾问？

这个问题很难回答，如果你找不到你信任的人，就还需要自己学习投资策略，只是起初效果不一定好，当然，回顾"失败是成功之母"与"交易费用导致亏损"的内容也许有助于你心平气和地学习基金投资。

第五节　投资是反人性的吗？

投资（这里主要指股票投资）是反人性的吗？这是一个设问句，投资必然是反人性的。传统经济学里的很多理论模型，都假定投资者是理性的，能够合理安排长期投资。但行为经济学大师、2017年诺贝尔经济学奖获得者泰勒研究发现，社会中的个人投资者非常情绪化，投资行为大多不够理性，甚至漠视风险、追逐泡沫。

一、 谁在赚钱，谁在亏钱

大家炒股票、炒基金的目的都是为了钱生钱，但结果大多事与愿违。如果大家都能舒舒服服地靠钱生钱了，世界估计每天都是通货膨胀，这个也不符合现实，所以终究真正赚钱的人还是少数。而真正赚钱的人，投资行为是反人性的。

2018年是中国公募基金行业20周年，根据基金业协会的统计，股票型基金每年的复合收益率在18%左右，与此相对的信息，是约70%的投资者是亏钱的。究其原因就是投资者大多喜欢追涨杀跌，如果买在高点再想赚钱就很困难了。

二、 刺激反应相容性原则

心理学有一个"刺激反应相容性原则"，也叫"西蒙效应"，说的是人们希望收到的反馈是他们所希望收到的，否则人就会犯错。

现在的综艺节目里常有看字说颜色的游戏：用红颜色写"紫"字，用蓝颜色写"黑"字，用绿颜色写"灰"字。游戏的目的是要说出颜色，通常玩游戏的人却会把字念出来，如红色说成紫色，蓝色说成黑色，绿色说成灰色。这就是典型的"西蒙效应"，刺激反应不一致，大多数人就会犯错。

投资时人们为什么会追涨杀跌呢？就是因为大多数人会有这样的刺激反应：买入了，涨了，我买对了，继续追加；买入了，跌了，我买错了，赶快止损。但实际上，涨了，可能代表的是高估，反而不应该追；而跌了，可能代表的是低估，这才是机会，可以继续买入。

股票的价值投资都是反人性的,它反的就是刺激反应相容性原则。

三、 我们该怎么做

既然投资是反人性的,那就需要我们克服人性的弱点来投资获利。简单说,就是在估值低时逆势大量买入,积累份额;在估值高时分批卖出获利。具体说来,有以下三点建议。

1. 学会检视和反省

苏格拉底说:"没有检视的人生不值得活。"要想摆脱成为股市韭菜的命运,就要有意识地提醒和检视自己,以价值投资理念为准做决定。

2. 制订投资纪律

作为投资者,对市场应怀有敬畏之心。可以制订投资纪律,并严格执行。

3. 追随谁不追随谁

大多数投资者在股市中会随大流,懒于决策,这是错误的,市场上为什么会有羊群效应和踩踏事件?就是因为投资者的这种心理。

我们应该学会找正确的指引者,比如专业的投资顾问。机构都设有风控岗监督来控制风险，如果能请专业的基金经理做指导，将会减少投资错误。

4. 不断学习

为什么专业的投资者更容易获利？因为他们能更深入地看本质，他们能随时关注宏观经济，能详细了解投资产品的具体特性，更愿意用专业的方法测定收益与风险等。所以，如果你不想请投资顾问，又不想成为股市牺牲品，那就要克服懒惰，不断学习。即使是投资指数基金，更多地了解专业知识，同样有助于更好地获利。

投资表面上追逐的是繁华和财富，其实却是一种道的修炼，当你站在高处，就会发现，那些所谓的人性弱点，不过是不入流的游戏，不玩也罢。

第六节　抄底的人，最后都赔钱了吗？

2018 年，股市一片哀鸿，经常会有人说："抄底的人，最后都赔了。"

中国 A 股有一大特性，那就是牛短熊长，因此，抄底的人大多都赔得很惨。

历数抄底的经历：4000 点，有人抄过；3000 点，有人抄过；2500 点，也有人抄过……这样抄底的人，到了 2000 点，基本没钱了，也就没有勇气抄了。结果后来，市场跌破了 1900 点、

1800 点……

从 4000 点到 2500 点，投资者会亏损 20%，到了 2500 点往下，投资者会亏损一半的本金。经历了这样残酷的抄底之后，投资者自然深刻体会到：抄底，是投资中最危险的行为。你以为是市场低谷，其实不过是半山腰，真正的市场底部，可能是投资者的万丈深渊。

意大利探险家莱茵霍尔德·梅斯纳尔是世界著名的登山家，他曾说过："登顶世界上全部 8000 米级的山峰并不值得我骄傲；我唯一骄傲的是，我活着下来了。"

同样在漫漫长跌的熊市中，活着才是投资的根本。正如格雷厄姆在《证券分析》一书中对"投资"的定义："建立在详尽分析基础之上，在确认本金安全的前提下，追求令人满意收益的行为，一切无法满足上述条件的行为都是投机行为。"

要想抄底不死，首先得确保本金安全。

2018 年 7 月 2 日（周一），绿巨人净值 1.3007 元，跌幅 0.82%，周一港股休市，绿巨人躲过了 A 股市场 3% 左右的大跌。7 月 3 日（周二）跌幅不及预期，而且 7 月 2 日军工涨幅较大，因此，绿巨人仅跌 0.82%，跑赢了沪深 300 指数 2% 多。

对于绵绵跌势，我也会想：子弹都打完了，我是不是也要成为将死之人呢？但仔细想想，抄底也不是第一次，为何现在还活着呢？

投资个股的风险非常大，当年牛股中国船舶，已经从 2007 年最高 300 元跌到不足 10 元（2018 年 7 月 3 日），跌了将近 97%。相比投资个股，对于大多数投资者而言，指数基金更合适，因为指数买的是未来的长期趋势。当然，即使购买指数基金，依然需要考虑活着的问题。

市场底部一定会有一个最低点，寻找最低点是一件很难的事情，就算瞎猫碰见死老鼠，也是偶然的，不是必然的。底部永远是一个过程，而且区间振幅也不会小，唯有充分换手之后，市场才可以再次上涨。

有人说可以进行右侧交易，等到市场上涨趋势明显的时候再买入岂不更好？这个说法似乎非常有道理，但是你需要回顾一下过去两年各种轮动策略的表现，轮动策略是典型的趋势策略。

投资日志：对金融业不一样的深度思考

十几年前，金融还是朝阳行业，但近几年，金融行业已经进入了产能过剩的时代。所谓产能过剩，其实就是人太多了，但与金融相关的职位却少了。我从基金公司辞职后，做独立投资顾问，我觉得这是趋势，但目前还在探索之中。本节是我在2018年6月份接受人大经济学论坛（经管之家）采访时的部分内容，是我对金融业的不一样的思考。

第一问

金融工程和量化投资[一]是现在十分热门的领域，您认为学习

[一] 量化投资：是指通过数量化方式及计算机程序化发出买卖指令，以获取稳定收益为目的的交易方式。

量化应该如何入门呢？在中国，一位从事量化交易的金融人，他的典型一天又是如何度过的呢？您认为一名合格的量化人才应该具有怎样的素养呢？

答：

金融工程与量化投资的热度已经过去了，另外，我们也没必要在思维上固化自己的职业，固化职业就是固化思维。

金融人的一天是怎么度过的呢？首先大多数金融从业者，都是跟 Word、Excel、PPT、Matlab、Python 打交道，大部分都是重复工作。总有人问，老郑你哪有时间写书呢？而且写了十几本？其实学数学出身的人最擅长的事情是归纳统计与算法设计。我学数学出身，把所有重复的工作都交给计算机了，这使我更悠闲，也能有更多时间看书学习，然后换个职位，这个职位干熟了就总结一本书，然后继续看书学习，换职位、换工作内容……所以在十年的金融职业生涯中，我积累的可能会比同龄人多一些吧。人最重要的能力是学习能力，尤其在这个变化的世界里面。

我现在的工作分如下几块：广告销售，写订阅号文章，做自己的基金组合绿巨人，绿巨人组合在 2016—2018 年每年都有 17% 收益率（2018 年 7 月股市下跌后的年化收益），在所有基金组合里绝对非常出色。

在别人眼里我做的是几件不相干的事情，但其实它们内在逻辑是相通的。例如做组合需要研究基金，我研究基金还有人专门出钱让我写关于这个基金的文章，不仅基金研究了钱也赚了。文章要保证质量，研究必须深入，研究深入了，组合的业绩就好了!

作为量化人才,作为金融人才,最重要的素质是销售,金融本质也是销售,不仅销售你的产品,还要销售你自己。做好销售专业能力是不可或缺的,但是专业能力好,表达不出来或者销售不出去,很难有机会升职加薪。

第二问

传统的金融专业学生和数学或计算机专业的学生相比,在学习量化、资产配置等领域时,更容易遇到哪些问题?我们应该如何系统地学习量化交易呢?您如何看待量化投资鼻祖之一——詹姆斯·西蒙斯呢?

答:

西蒙斯是数学家,如果金融专业学生对数学的理解有问题,很难成为量化人才。编程序看似复杂,其实是最简单的。程序语言就如同汉字,有人可以把汉字组织成诗歌、小说,有些人不能,其区别是人的思想和逻辑。

金融专业的学习首先必须是编程,编程是对你逻辑思维的锻炼,程序的执行是严格遵从逻辑的,但是直觉不是。量化不是靠直觉,是靠逻辑,你的逻辑是否正确,第一需要编程来验证,再去市场验证。

学习量化没有什么系统,学习最好的方法就是在解决问题中不停尝试,直到找到有效解决问题的方法。

第三问

量化交易主要有哪些经典的策略？既然有了量化交易，技术分析还有存在的必要么？在金融实践中，量化策略如何应对回撤？

答：

无论量化还是技术分析，甚至价值投资都是工具。我们使用工具做投资，而不是拿工具给自己贴标签，并不能说自己是搞量化的就显得很高大上。

回撤其实就是风险，而能控制的风险都不是风险，所以之前别人问我如何控制回撤，我会说各种理论，其实自己心里也觉得也就是搪塞别人一下。现在再有人问我如何控制风险，我就说历史收益越高越能控制风险，抗打击全凭肉厚。

第四问

您认为一名读金融或金融工程、量化投资、投资专业的研究生，应该如何规划自己的研究生学习生涯呢？以及如何做一个较为合理的职业规划？

答：

其实规划这个词不好，因为我们没有任何真实信息，全凭自己想象或者道听途说做规划，这个似乎并没有什么意义。研究生学习中一定要建立自己的比较优势。什么是比较优势？就是相对其他人你更优秀。我在研究生时的比较优势就是编程序，不仅博士师兄来找我帮忙,还有博导教授来找我帮忙写算法程序。有了比较优势再找工作,你才有主动性。

第五问

量化投资的核心逻辑是什么?一名量化投资经理的职责和任职资格是什么?您在量化投资、金融产品设计、资产配置研究等领域有着丰富的经验,能否为大家推荐一些这三个领域的优秀的学习资源,比如图书、教材、慕课、博客和名师等?

答:

金融的核心是能拉来钱,搞好业绩,不分是量化投资还是别的什么,如同人工智能也是人编程的一样吧。如果真要系统学习,建议看看我写的《金融数量分析基于 Matlab 编程》,马上还有一本基于 Python 的,还有《资产配置投资实践》《资产配置手册》《全球资产配置》。还有老郑的订阅号:合晶睿智。

第六问

金融产品设计工作是一个全新的领域,您曾在文章中这样描述:"本想通过自己的努力加速改变产品设计在行业中的地位,结果把产品部变成了业务部;本想通过自己的说服力加速改变公司组织架构,结果把自己搞成了个体户。"您是如何理解金融产品设计的?它在资管行业中有着怎样的地位呢?如何构建金融产品知识框架?您理想中的金融产品,应该具有哪些特点呢?金融产品设计和传统的产品经理的角色有何不同呢?

答：

基金行业（这里指公募基金）的三个主要职能是产品设计、市场销售与投资管理，以前的说法是只有市场销售（内含产品设计）与投资管理。经过多年的从业经历大家或许会发现很多问题。基金业绩与投资研究的关系应该是成正比的，但是能力与运气的贡献度常常很难区分，连续三年基金业绩排行业前 1/3 的不足整个基金行业的 5%，在我看来基金业绩真是一个非常随机的东西。

产品设计在有些人看来是拼装工作，即根据领导需求（投资研究、市场销售）拼装产品（主要指上报材料），或根据市场热销产品进行仿制。在某些人看来，如果没有公募产品的报备制度，或许没有产品人员存在的意义。在我看来，产品设计人员的职责为立足资管平台用专业能力为客户提供金融解决方案。

在基金公司或者资产管理公司，产品设计涉及业务链最长，当然涉及的利益链也最长。表面上产品为客户服务"受人钱财，为人理财"，但其实由于公司体制或绩效的不同，各方的利益诉求是完全不一样的。具体以工具化产品开发故事为说明。（事前说明，故事编造，如果雷同，纯属偶然）某产品经理认为以美国先锋集团为例，公募产品趋势应该是低成本的工具化，提出指数分级产品。方案一出各方反馈如下。

1. 投资部

我投资团队具有超强的择时与选股能力，建议将产品修改为主动管理型，以我公司历史业绩B份额定然溢价50%，产品规模可以从2亿元瞬间增加至500亿元。

2. 量化部

根据历史规律统计，业绩连续三年排在前1/3的概率为5%，主动投资成功几乎为随机事件，典型的"靠天吃饭"，建议修改为指数增强的分级基金。我公司策略经过模拟测试、小规模实盘验证，可以年年跑赢沪深300大约10%。根据我们测算10%阿尔法定能带来产品×××%的溢价，溢价就是规模，规模就是收入。

3. 市场部

我觉得上述两种方案都非常好，由于目前市场状况，为提高投资者信任，建议投资经理参与×××元，建议公司自有资金参与×××元，（差不多够成立规模了）基于产品未来规模对公司的重大利好，建议增加销售费用。

4. 运营部

随着产品的增加，而且分级产品对后台压力较大，建议公司增加后台人数，另外，建议基金折算不要集中在某一时段，最好分散一下以减轻后台压力。

随后市场出现各种分级产品，长盛主动分级、国投瑞银合瑞分级、银华800指数增强分级，还有（由于B净值在0.1元）不时停牌的申万菱信深成指分级，百花齐放。

第七问

您在 2015 年开始走向了金融创业的道路，您提到"桀骜不驯的大熊是 2015 年之前的我，2015 年之后的创业历程教育自己要成为大气温和的大熊，之前的桀骜不驯将成为历史。而且自己坚信一切都会往好的方向发展"——创业过程中，您最大的感受是什么？经历的最大困难又是什么呢？如今的资管行业越来越规范，您认为资管行业的未来趋势会是什么样的？您的创业领域主要集中在哪些方向？目前已经主要完成了哪些方面的工作呢？

答：

首先必须客观地肯定创业这件事的意义，大众创业对于推动国家经济发展意义重大，只要在千万创业大军中再出现两个马云、马化腾即可。但是对于个人而言，这是一件成功概率极低或者说注定失败的事情。但是在创业过程中，你可以更清楚地认识到社会到底是如何运作的，因为你已经摆脱了身处公司、机构或者学校的对思维的束缚。

我在 2015 年从基金公司出来创业，已经三年多了，在这三年里面我做了三次大的业务转变，即使做了转变也仅能维持生计，距离什么做大做强距离还遥远。业务转变的过程其实就是思维转变的过程，思维转变因对事物认识的转变而来。

目前我的业务主要基于自身的专业能力与内容输出，我第一本书写于 2008 年，当时基本上每年写一本书的节奏，自从创业之后每天都要写订阅号文章,所以书籍出版的节奏提高到每年三四本。除此之外,我还加入了集思录——高净值交易型用户社区,还有自己的订阅号"合晶睿智",已经成为金融行业头部用户关注的专业媒体。在出版了几本资产配置书籍之后,为证明自己的投资逻辑还建立绿巨人基金组合。组合创立于 2016 年 5 月底,到 2018 年 6 月,已经两年多了,累计收益 38.8%,年化收益 17% 左右,跟投规模超越 8000 万元。总之,创业就是克服各种困难一点一滴实现自己的愿望吧。

第八问

在 AI、区块链、大数据的冲击下,金融行业也发生了巨大的变化,您认为未来一个合格的金融从业者,应该具备怎样的知识结构、个人能力和素质呢?对于想要入行或者转行金融行业的人,您能否给他们一些建议呢?

答:

首先,不要把自己定义为合格的金融从业者,建议把金融这个定语拿掉,这样你才能更清晰地认识自己。什么是能力,什么是专业能力,这些不是自己给自己贴的标签,而是别人对你的评价,别人如何评价你?如同我们如何评价别人一样,得到别人的认可需要好业绩重复出现,偶尔一次往往无法说服别人。

大家一定会问,如何才能进入大型金融机构?这个还没有什么好的方法,当初我研究生毕业的时候压根就没想过自己会干金融,后来进入金融机构也是瞎猫碰见死耗子。但是回过头来看待这个问题，或许我们就会发现不同的视角，在研究生或者刚参加工作的那个时代，我的算法编程能力在同龄人中估计是全国排名前五名的，至少我还没有遇见在算法编程方面能超过我的。在我毕业的那个年代，IT 公司都是干 UI 的，很少做算法，现在想想如果当初没有干金融，一直做算法或许也会有不错的结果。在职业生涯中，我们是要建立比较优势的，而不是为从事某个职业改变自己，这是两个层次的问题。

第九问

您学习 Matlab 的过程，经历了哪几个阶段呢？做金融工程，把 Matlab 用好是必需的，能否给大家一些好的学习建议，以及推荐一些优秀的 Matlab 学习资源呢？

答：

或许大家都是因为听说 Matlab 的功能强大并且能解决你所遇到的问题才开始学习 Matlab 的，我也不例外。但我相信如果有一个更好的、更能说服自己的理由，或许能够让大家更主动积极地学习 Matlab，并将 Matlab 用于金融数值计算，同时提高自己对于金融的理解。

1. 巨大的数据量

"大数据"时代，在金融方面我们需要处理的数据量越来越大。A 股股票数量早已超过 2000，证券投资基金的数量也已经过千，最近中证指数公司、深证信息公司、中信标普等指数编制机构发布的各类指数也已近千。开盘价、收盘价、ROE、ROA、夏普比率、波动率……各种指标不计其数。

2. 复杂的模型

随着投资标的品种的增加，股指期货指数、个股期权、分级基金等相继出现，我们要掌握的定价模型越来越复杂，例如期权定期、Beta 对冲、浮动利息债券等。复杂的定价模型需要强大的数值计算平台的支持。

3. 避免主观臆断

人类思维具有局限性并且逻辑有时具有跳跃性，常常凭借直观感觉判读事物。例如几年前大家常见的一个量化案例"某策略赚 3% 止赢即获利平仓；亏损 1% 平仓止损，每一组止赢与止损交易可以获利 2%，如果以这个策略进行高频交易，将获利丰富啊！"我们的思维忽略了一点，即赚 3% 与赔 1% 的概率并非一致，如果进一步思考，我们还忽略了交易成本。

再举一个我常常使用的例子："两个 [0,1] 上的均匀分布的和是什么分布？三个 [0,1] 上的均匀分布的和是什么分布？n 个呢？"有的读者会直接回答还是均匀分布，有的读者深思一下回答正态分布。这两个答案或许都不正确，如何验证？我们可以通过编程的方式进行数值试验。

4. 实现自动化办公

这一点将是我着重与大家分享的。大多数人日常工作可能面临很多重复劳动与烦琐计算。例如，某个报表每日（周、月）都要更新，更新逻辑很明确：增加内容、市场数据统计、附加某些计算等。或许，你每天工作中 Excel 或 Word 的重复工作占据了大量的时间。如果有一种方法可以将自己从中解脱出来，我们可以有更多的时间进行创造性的工作与享受生活。假设，工作 30 年，每天有 50% 的时间在重复劳动，你的 15 年时间就在重复中度过了。

所谓重复劳动，大多都是规则明确化的，规则包括脑力与体力两个方面。从计算角度的发展，就是机器代替人类执行重复计算或劳动的过程。自从有了计算机，大家的劳动相比之前高效许多。但是，我们或许还在计算机上进行某些重复劳动与烦琐计算，这又是为什么呢？软件、硬件作为商品都是普遍适用的，基于利润或稳定性方面的考虑，不会针对某件事或某人设定，所以面对自己工作的问题，就需要自己或请人来解决。由于某些业务的复杂性（非技术上的），或许自己最明白其中的逻辑，自己编程解决或许是一条非常有效的路径。例如，金融市场数据的每日更新通过 Matlab 程序实现，可以将自己从一定的重复劳动中解脱出来。

实现自动化办公需要自己编程，你或许会问："不会编程咋办？"首先必须说明的是，有些人适合编程，有些人不适合编程，适合不适合只有尝试过才知道，还有一条途径就是请别人帮你解决问题，如果你觉得贵只有自己继续重复劳动。在这里声明，重复并非不好，或许大多数工作的性质就是重复，每个人生活态度不一样，首先我厌恶重复，有时为了生活也不得以不重复，但在重复的过程中我总是思考如何自动化。

5. 量化交易"赚钱"

量化交易者的楷模为数学家西蒙斯，关于他的文艺复兴科技公司与大奖章基金介绍如下：

"华尔街'赚钱机器'文艺复兴科技公司，并依靠公司旗舰产品大奖章基金（Medallion Fund）20年的超群表现赢得无数赞誉。据《福布斯》杂志的统计，截至2012年9月，西蒙斯的身价高达110亿美元，在《福布斯》全球富豪榜上位居第82位。

数据显示，自1988年成立直至2010年西蒙斯退休，大奖章基金年均收益率高达35%，不仅远远跑赢市场，还较索罗斯和巴菲特的操盘成绩高上十余个百分点，这使得西蒙斯在人才济济的华尔街笑傲群雄。他被投资界称为"量化投资之王"。

西蒙斯的成功秘诀主要有四点：针对不同市场设计数量化的投资管理模型，以计算机运算为主导，排除人为因素干扰，在全球各种市场上进行短线交易。"

如果没有仔细阅读前面四点，直接看到量化交易"赚钱"，作者将提醒阅读前面四点，尤其是（避免主观臆断与实现自动化办公）以量化交易"赚钱"或许需要天赋与运气，但实现避免主观臆断与实现自动化办公只需要你用些时间学习一下Matlab编程。

后记：致敬约翰·博格

在美国资产管理行业有一个传奇人物名叫约翰·博格，他的一个决定与努力改变了整个行业。如果问美国资产管理行业谁为投资者赚取的收益最多，非约翰·博格莫属，当然在此之前你必须承认省下的就是赚到的。

很久很久以前，也就是20世纪80年代之前，美国的资产管理行业也都以主动型管理基金为主，什么是主动型管理基金呢？就是基金经理会吹"虚"的那种基金，当然主动型基金经理中不乏类似彼得·林奇这样的牛人，但是能持续的少之又少……

那时已逾不惑之年的约翰·博格已经在资产管理行业打拼近20年了，他也亲眼看见了那些所谓的基金经理是如何挥霍投资者资产的。因为基金要交易股票，基金的交易佣金比股票还高，为什么？因为这些收取佣金的大投行们为基金经理提供了研究报告，除此之外还有更多的软性支出，专业名词为软美元（Soft Dollar）。

在"软美元"交易中，基金管理人与经纪商协商通过经纪业务来换取研究报告或者其他经纪商服务。如果基金管理人利用经纪商提供的研究报告服务于其他与此基金无关的交易从而令自己受益，或者完全不考虑客户的利益导致客户成本的增加，这种情况下"软美元"交易是不合理的。如果基金管理人是善意的，并且考虑到了经纪商提供的经纪服务和研究服务对基金的价值，这种情况下"软美元"交易是合理的,基金管理人可以免责。

在美国历史上,基金投资者也都是亏多赚少,约翰·博格也一直在思考其中的缘由。是"投资者不理智的高抛低吸"造成的,这个理由可以让普通人信服,但约翰·博格隐约觉得还有更深层的原因。

随着约翰·博格从业时间的增加与行业经验的积累,他离这个问题的答案越来越近。经过初步计算,约翰·博格发现主动型基金的运营成本之高令人瞠目结舌,1.5%的管理费+0.25%的托管费+杂七杂八的各种固定费用,以及令人不易察觉的交易费用(佣金+印花税+不止年化8倍的换手率),合计起来约为4%~5%。

在那个时代,美国的GDP增速都不到5%,如果一个基金每年的运行成本高达4%~5%,主动型基金作为一个整体是不可能赚钱的。即使有赚钱的那也是市场给的,俗称行情。约翰·博格深信唯有低成本投资才可以长期获取市场收益!

在约翰·博格荣升基金公司总裁之后,他开始大刀阔斧地改革,降低基金交易费、管理费、托管费等费用。但是改革触碰到原有既得利益者的蛋糕,如果降低管理费,公司利润受到影响,股东不高兴;如果降低交易费,不能再坐头等舱、住奢华酒店调研了,投研人员不高兴。

基金公司本不是号称以投资者利益至上吗,为什么可以给投资者带来好处的改革,反而在基金公司内遭遇如此大的阻力呢?约翰·博格陷入深深的不解,公司内部对他愈发排挤,并趁其出差的时候开会罢免了他的总裁职务……

约翰·博格并未因此一蹶不振，反而开始创业成立新的基金公司，名为先锋集团，寓意为茫茫大海中的独行先锋战舰。但是摆在约翰·博格面前的，是一个所有企业家难以解决的问题，尤其在资产管理行业，如何解决客户与股东之间的利益矛盾？

经过数个不眠之夜之后，约翰·博格与他的战友们，创造了一种新的基金公司结构，名为先锋架构。

基金投资者，即为基金份额的持有者，同样也是基金公司的股东。基金采取公司制模式，在扣除基金所有成本之后的收益全部归基金持有人，即基金公司股东。所以，基金公司为持有人赚钱，就是为股东赚钱，不再计提固定比例管理费，所以随着公司管理规模的扩大，基金费率持续降低。

这种开创式基金公司架构，在起初被同业称为"旁门左道"，并被预言必然会失败。恰恰是这种被视为"旁门左道"的模式，砸了称其为"旁门左道"的人们的金饭碗，随之而来的是资产管理行业的先锋效应。

1. 管理规模30年增长30万倍

先锋集团通过不懈的努力降低基金投资成本，并且带动整个行业的管理费率下降。先锋集团管理规模增长可谓神速，从1985年的0.11亿美元，通过30年的时间，增加到3.2万亿美元，增加近30万倍。

2. 促进对冲基金行业兴起

先锋集团导致原有躺着赚钱的资产管理模式不再风光，公募基金经理工资水平走低。这引发了真正有能力的投资经理的创业潮，各种对冲基金遍地开花，随之就是业绩的真刀真枪的竞争。

3. 高阿尔法低贝塔投资理念的形成

超额收益是极其稀少的，如果可以获取超额收益便可以有较高的业绩提成，如果通过指数投资获取市场的贝塔收益，成本越低越好……

4. 基金公司直通交易所

在先锋模式之前，所有的基金公司都需要通过证券公司进行交易并交付高额佣金。先锋基金直接对接交易所降低交易费用，指数化投资不需要什么选股研究。随着先锋基金规模增长，交易量之大为市场提供流动性，交易所还要每年支付先锋基金费用，当然这些收入都归基金持有人所有。

另外，指数基金还是市场最大融资融券业务的券源提供者，这样基金又多了一笔融券收入，同样归基金持有人所有，最后导致基金的运作成本为零，或许还有盈余……

作为金融从业人士，很多人想不明白约翰·博格砸了大家的金饭碗图什么呢？或许人家是为了理想，但正是约翰·博格的先锋效应，将这个已经进入死循环的资产管理行业（成为投资者身上的寄生虫）从黑洞之中拉了出来，让它走上了正轨，那就是全心全意为投资者服务，不要惦记着自己的那点利益，倒逼模式也促进大家转型与服务提升。

　　无论如何，约翰·博格都是一个资产管理行业的传奇人物，谨以本书向他致敬！